班主任工作方法探索研究

宋以燕 著

吉林摄影出版社
·长春·

图书在版编目（CIP）数据

班主任工作方法探索研究 / 宋以燕著. -- 长春：吉林摄影出版社，2023.12

ISBN 978-7-5498-6096-8

Ⅰ. ①班… Ⅱ. ①宋… Ⅲ. ①班主任工作 Ⅳ. ①G451.6

中国国家版本馆CIP数据核字(2023)第256351号

班主任工作方法探索研究
BANZHUREN GONGZUO FANGFA TANSUO YANJIU

著　　者	宋以燕
出 版 人	车　强
责任编辑	李　彬
封面设计	文　亮
开　　本	787毫米×1092毫米　1/16
字　　数	230千字
印　　张	10.5
版　　次	2023年12月第1版
印　　次	2023年12月第1次印刷
出　　版	吉林摄影出版社
发　　行	吉林摄影出版社
地　　址	长春市净月高新技术开发区福祉大路5788号
	邮编：130118
网　　址	www.jlsycbs.net
电　　话	总编办：0431-81629821
	发行科：0431-81629829
印　　刷	河北创联印刷有限公司
书　　号	ISBN 978-7-5498-6096-8　　　　定　价：56.00元

版权所有　　侵权必究

前　言

　　班主任的中心工作是班级管理。在"向管理要质量，向管理要效率"的今天，班级管理作为学校管理的一项重要内容，其管理是否到位不仅影响着学校教育教学工作的质量，而且也关系到学校人才培养任务和目标的最终实现。正如19世纪德国传统教育的代表人物赫尔巴特所说："如果不坚强而温和地抓住管理的缰绳，任何功课的教学都是不可能的。"可以毫不夸张地说，班级管理的成功与否，在一定程度上决定着学校管理的成败，也决定着一所学校的教育质量、办学效益和办学水平。班主任要想搞好班级管理，就不能仅靠经验的累积，而必须学习班级管理的基本原理，探明班班级管理的客观规律，掌握新时期班级管理的方法技巧。基于这一认识，本书尝试从理论与实践两个维度，对班主任班级管理工作展开系统而深入的研究，以期使之逐步走上科学化与高效化之路能够有所裨益。

　　我国近代教育家陶行知先生说过："教育者不是造神，不是造石像，不是造爱人。他们所要创造的是真善美的活人。"当代教育家叶澜教授认为："在一定意义上，教育是直面人的生命、通过人的生命、为了人的生命质量的提高而进行的社会活动，是以人为本的社会中最能体现生命关怀的事业。"班主任的生命体验与学生的生命成长互相依存、互相唤醒、互相激荡，构成了一个不可分割的"命运共同体"。在这个充满生机和活力的"命运共同体"中，学生的生命因班主任而精彩，班主任的生命也因学生而更有价值！

目 录

第一章 班主任工作概述 ... 1
第一节 班主任的角色与地位 ... 1
第二节 班主任的工作理念 ... 10
第三节 班主任的核心素养框架 ... 13

第二章 班主任工作的原则性与艺术性 ... 23
第一节 班主任工作的意义和作用 ... 23
第二节 班主任需具备的修养 ... 26
第三节 班主任怎样树立威信 ... 31
第四节 班主任工作原则性与艺术性的统一 ... 34

第三章 班主任工作职责、内容与方法 ... 37
第一节 班主任的工作职责 ... 37
第二节 班主任的工作内容 ... 39
第三节 班主任的工作方法 ... 58

第四章 班主任工作中了解和研究学生的方法 ... 62
第一节 了解和研究学生的意义 ... 62
第二节 了解和研究学生的原则 ... 64
第三节 了解和研究学生的方法 ... 67

第五章 班主任和学生谈话的艺术 ... 77
第一节 班主任的谈话艺术概述 ... 77
第二节 集体谈话艺术 ... 78
第三节 个别谈话艺术 ... 81
第四节 班主任谈话的注意事项 ... 85

第六章 班主任创建优秀班集体的方法 ... 89
第一节 班集体的含义和结构 ... 89

- 第二节　班集体的四大功能 ··· 91
- 第三节　班集体目标及制订依据 ·· 94
- 第四节　确定班集体目标的原则及方法 ·· 97
- 第五节　制订班集体目标的注意事项 ·· 99
- 第六节　制订并执行班级规章制度 ··· 101
- 第七节　建设良好班风的方法 ·· 103
- 第八节　搞好班级文化建设 ··· 108

第七章　学校班级文化建设管理 ·· 111
- 第一节　影响班级文化建设管理的因素 ······································· 111
- 第二节　学校班级文化建设管理策略 ·· 114

第八章　学校班级活动管理实践 ·· 125
- 第一节　研究性学习活动管理 ·· 125
- 第二节　社会实践活动管理 ··· 129
- 第三节　信息技术活动管理 ··· 134
- 第四节　文化教育活动管理 ··· 138

第九章　班主任德育建设的方法 ·· 140
- 第一节　"教书"就是为了"育人" ··· 141
- 第二节　给学生一个积极的心理暗示 ·· 144
- 第三节　没有教不好的学生 ··· 149
- 第四节　信任可以培养学生的诚信 ··· 150
- 第五节　唤醒学生的感恩之心 ·· 154

参考文献 ··· 158

第一章 班主任工作概述

第一节 班主任的角色与地位

一、班主任的古往今来

班主任是由学校委任、选聘,全面负责一个教学班学生的思想品德、学习、健康与生活等方面工作的教师。

班主任产生于班级授课制。制度化的班级授课形式最早产生于15—16世纪的欧洲,17世纪捷克教育家夸美纽斯出版《大教学论》(1632),对之进行了系统的理论阐述。随着近代西方资本主义的兴起、工商业的发展和科学技术的进步,要求普及教育,扩大教育规模,提高教学效率和质量,班级授课制便逐步发展成18—19世纪欧美各国学校的主要教学形式。当然,并非所有采用班级授课制的国家都设立班主任,只有中国、日本等部分国家的学校中设有班主任。

我国最早采用班级授课制的一般认为是1862年创办的京师同文馆。京师同文馆是我国近代第一所培养洋务运动所需的外语翻译人才的新式学校,它设"正提调""帮提调"等专职人员,对学生进行管理。正提调可以不"逐日到馆",而帮提调必须"轮班在馆管理一切",如"文移稿件""学生画到"等。虽然帮提调的管理对象是同文馆全体学生,但其职责与班主任已有许多相同之处。

班级授课制在我国广泛施行,是伴随着我国现代意义的学校的普及而发生的。1902年,清政府颁布《钦定中学堂章程》规定:"每学生一班,应置教员一人。其教法则每一教员依所认定专教之一班学生,按日分门教授。"1904年,清政府颁布《奏定学堂章程》,规定小学各学级设本科正教员一人,"通教各科目","且掌所属之职务"。由一个教师负责一个学级全部或主要科目的教学和组织管理工作的制度称级任制，相应的，这个老师就称级任教师。1932年民国时期，也规定中学实行级任制。1938年起，中学的级任制改为导师制，负责班级组织教育工作的教师称级任导师（相当于班主任）。

1942年，绥德专署教育科的《小学训导纲要》在强调教导合一时首次提到"班主任"一词。该纲要强调，要实行教导合一制，务必要加强班主任的责任。1949年7月，《陕甘宁边区政府关于新区目前国民教育改革的指示》中提出："废除训、教分立制度，实行教导合一，这一原则从两方面实施：1.教师不只教学而且要参加具体的指导工作；2.组织上训育与教务统一。在学校组织上校长下设教育主任。取消级任导师，班设主任教员，中小学改级任导师为班主任教员，其指导思想是'克服训、教分立，实行教导合一'。"

1949年之后，为了适应国家经济发展与培养全面发展新人的需要，我国实行了普遍的中小学班主任制。但此时还没有对班主任制度做出明确的规定。1952年，教育部颁发《小学暂行规程（草案）》和《中学暂行规程（草案）》，规定"小学各班采取教师负责制，各设班主任一人，并酌设任课教师"，"中学每班设班主任一人，由校长就各班教员中选聘，在教导主任和副教导主任领导下，负责联系本班各科教员指导学生生活和学习。班主任任课时数，可根据具体情况，较专任教员酌减"。至此，我国的班主任制度得以正式确立。

1979年，教育部发布《关于普通中学和小学班主任津贴试行办法（草案）》，并在附件中提出了"关于班主任工作的要求"，对班主任的选聘条件、工作要求、工作量、津贴数额、津贴发放条件等进行了明确的规定。陈桂生教授指出："我国自1952年设立班主任以来，直到1979年才建立一套班主任制度。"

1988年，教育部相继颁布了《小学班主任工作暂行规定》《中学班主任工作暂行规定》，对班主任的地位、作用及其基本任务，班主任的职责、工作原则和方法，班主任的任职条件和任免，班主任的待遇和奖励，班主任工作的领导与管理等做了具体的规定。

1993年以后，先后有《小学德育纲要》(1993)、《中共中央关于进一步加强和改进学校德育工作的若干意见》(1994)、《中学德育大纲》(1995)、《中小学德育工作规程》(1998)、《中共中央、国务院关于进一步加强和改进未成年人思想道德建设的若干意见》(2004)等重要文件出台，这些文件都强调了班主任在中小学德育工作中应发挥重要作用。其中,《中学德育大纲》提出:"班主任工作是培养良好思想品德和指导学生健康成长的重要途径。班主任是本大纲的直接实施者,应根据本大纲的内容要求,结合本班学生的实际情况,有计划地开展教育活动;组织和建设好班级集体,做好个别教育工作,加强班级管理,形成良好的班风。要注意发挥学生的主观能动性,培养他们的自我教育和自我管理的能力。要协调本班、本年级各科教师的教育工作,密切联系家长,积极争取家长与社会力量的支持配合。"《中小学德育工作规程》指出,班主任是中小学校德育工作的骨干力量,"中小学校要建立、健全中小学班主任的聘任、培训、考核、评优制度。各级教育行政部门对长期从事班主任工作的教师应当给予奖励"。这一阶段,班主任作为德育工作者的地位被正式确立下来。

2006年6月,教育部颁布了《关于进一步加强中小学班主任工作的意见》,其中规定:要充分认识加强班主任工作的重要意义,进一步明确中小学班主任的工作职责,认真做好中小学班主任的选聘和培训工作,切实为中小学班主任工作提供保障,要求制定和完善促进班主任工作的政策措施,要提高中小学班主任的地位和待遇,完善班主任的奖励制度,加强班主任队伍的管理,为班主任开展工作创造必要的条件。

2006年8月31日,教育部办公厅下发通知,决定启动实施全国中小学班主任培训计划。第一次系统地阐述了全国中小学班主任培训的目标、原则和内容,提出"实施本计划旨在将中小学班主任培训纳入教师全员培训计划,建立中小学班主任培训制度,全面提高班主任履行工作职责的能力"。还指出:"从2006年12月起,建立中小学班主任岗位培训制度。今后凡担任中小学班主任的教师,在上岗前或上岗后半年时间内均需接受不少于30学时的专题培训。"该计划的实施,推进了中小学班主任的专业化水平的提高。

二、班主任的角色定位

在新的形势下,中小学班主任的角色定位更加丰富。在2006年8月教育部印发的《全国中小学班主任培训计划》中指出:"中小学班主任是中小学教师队伍的重要组成部分,是班级工作的组织者、班集体建设的指导者、中小学生健康成长的引领者,是中小学思想道德教育的骨干,是沟通家长和社区的桥梁,是实施素质教育的重要力量。"明确班主任的角色和地位，对于班主任认识自身的工作性质，从而科学地履行自身的职责是很有必要的。

（一）班主任是"平等中的首席"

师生在人格上是平等的，应重新审视千百年来教师居高临下的"地位"，构建平等、和谐的新型师生关系。这样说，并不意味着班主任的重要性有所降低，相反，班主任由原来的居高临下转变为"平等中的首席"，更能得到学生的认同和尊重。这样做事实上也极大地提高了对班主任的素质要求，因为，在居高临下的师生关系中，"高"者容易当，而在平等、民主的氛围中，这个"首席"就更难当了。

（二）班主任是学生生活的调节者

学校是人的社会化的最重要单位之一，而学校里，班级又是最重要的活动场所，学生一天中大部分时间是在班级里度过的。如果班主任所营造的这个空间呆板、单调、沉闷、紧张、乏味，那么，对学生来讲，一天一天真是度日如年。"考""分"固然重要，但教育不能窄化为分数，而且越是在分数压力较重的情况下，班主任越是要组织学生开展丰富多彩的活动，努力调节学生的学校生活，使学生的身心得到放松，让他们体会到童年的乐趣。苏霍姆林斯基结合自己30多年的班主任工作的切身经验，提出了一个精辟的见解："拥有可以自由支配的时间，是个性发展的一个重要条件。学生的素质和天资只有当他每天都有时间从事自行选择的喜爱的劳动时，才能得到发挥。因此，我认为给学生提供空余时间就是创造宝贵财富。"为此，不能把学生仅仅束缚在课桌椅上，只让他们学习知识。真正的教育在于使每个学生都有一种丰富而充实的精神生活，使他们得到智力、健康、思维、兴趣、劳动能力的全面和谐发展。这样就必须彻底改变传统的学生生活与学习制度，将学生从单一而繁重的课业负担中解放出来，给他们自由、主动活动的时间。

（三）班主任是学生心理辅导员

学生成长过程中会遇到各种各样的困惑、问题，其中，绝大多数并非思想和政治问题。几十年来，我们往往把思想教育、政治教育、道德教育、心理健康教育混为一谈，笼而统之地看作思想政治教育。严格说来，这是不科学的。学生中的问题更多的是心理上的障碍，是成长中的问题，在今天这样一个价值观多元、竞争激烈的时代，学生的心理问题会变得更加突出。对此，班主任必须及时地加以疏导、诊治，否则，就会影响学生的学业及身心健康。西方社会学者勒弗在《学校保健服务》一书中这样说道:"没有一位将军愿意送一群不能作战的体弱残兵上战场,学校中的学生也会面临许多身心方面的困扰,即使是一些轻微的心理障碍或视听障碍,也可能给一个人的发展带来严重的后果。"

（四）班主任是学生成功的激励者

筛选者的角色很容易当,拿把尺子一量,把学生分为三六九等,决定谁上谁下,它的重要危害是导致某些学生在发展远未定型的少年学生时代就被过早地宣判"孺子不可教""朽木不可雕"。今天看来,班主任对学生尤其因为种种原因而暂时处于落后状态的学生要多加激励。"边际效应"理论认为,你把1元钱给百万富翁,他的满足感是0;相反,你把1元钱给乞丐,他的满足感可能是100%。当然,这个理论用在这里也许不合适,但它至少说明,优生已经享受了足够多的关爱,家长护着,班主任夸着,老师宠着,他们如同生长在"蜜罐子"里一般,而后进生才是更需要关爱的一个群体。

总之,班主任是组织、教育、引导学生并与学生一起共同管理好班级的"组织者""指导者""引领者",这较以前的班主任的含义与角色定位——班级管理者——有很大的区别。

拓展阅读：

新时期班主任的角色转换

要适应新时期班级教育与管理的人性化的需要,班主任的传统角色要在许多方面加以转换,具体体现在七个方面：

一、由单一型向多元型转换

传统管理观念和实践中,班主任只是学科教学的一种自然延伸,只是在课堂教学之余充当着威严的班级学生管理者。新时期班主任要用"引导者""学生的朋友""学生成长的关护者"等多重身份,去改变、修正呆板的"维持会长"角色,树立起多元、生动、鲜活的"生活导师"形象,充分发挥和尊重学生在教育过程中的主体性,促进学生主动、健康发展。

二、由权威型向对话型转换

传统意义上的班主任在班级教育与管理中拥有绝对权威,学生必须绝对服从。现代社会发展需要个性丰满、自主性强的人,要求建立一种新型的民主、平等的师生关系,强调对话、交往、主动参与,已经成为当今学校教育实践的基本精神趋向。这就要求班主任修正传统的绝对权威形象,代之以"倾听者""对话者"

角色，提高学生在班级生活中的自主性和参与程度，使学生在班级活动中自由表达、自由参与，充分意识到自己的存在和价值。

三、由说教型向感染型转换

传统意义上的班主任往往片面理解自己工作的特点，认为时间花得越多，教育效果就越好，于是"天天讲，时时讲"成为许多班主任最基本甚至是唯一的工作方法。现代社会发展中，青少年学生的独立意识、自主意识日益增强，为此，班主任不能仅仅扮演传教士、说教者的角色，他首先应该是一个活生生、有理想、有激情的人，用自己富有情趣的个人生活去感染学生，帮助学生构建一个生动活泼、充满意义的生活空间。

四、由限制型向促进型转换

传统意义上的班主任习惯于用规章制度去限制学生，用既定的标准去衡量所有学生。这种做法对学生矫正不良习惯、形成良好行为可起到一定作用。但其忽视的恰恰是教育中最重要的对每个学生潜在可能性的发现与开发的任务。现代班主任应着眼于发展、挖掘学生的潜能；不能抽象化地理解学生，应承认差异、尊重差异，看到差异在一定意义上是教育的财富而不是包袱，努力使每个学生能实现在原有基础上的提高，各自的特长和个性能得到健康、充分的发展，使学生群体的发展不是按同质集合的模式去努力，而是以丰富的方式去实现。

五、由被动适应型向主动创造型转换

传统意义上的班主任往往是满足于完成上级下达的各项指示和任务，充当着上传下达的"通讯员""传声筒"角色，因而工作往往是被动服从，按部就班，缺乏自身的独立性。新时期的班主任应是积极能动的、富有创造性的主体，要根据自身优势和每一个学生的特点，不断寻求新的工作内容与工作方法，开展各种富有创意而不花哨的班级活动，使班级成为一个活的、饱含创造力的生命体，从中真正体验到班主任工作的乐趣，感受到班主任工作的内在尊严、价值与自信，焕发出自身生命的活力。

六、由经验型向科研型转换

无论是过去还是现在，班主任的自我专业意识不强，班主任工作往往以经验为主，凡事"跟着感觉走"，在做中学，在摸索中前进。随着教师专业化意识的觉醒，班主任工作的专业特性逐渐为人们所认同。新时期的班主任应该系统掌握教育科学、管理科学、心理科学，在充分了解学生心理特点的基础上，运用科学的管理理论和先进的教育思想指导自己的班级工作，并在实践中不断探索行之有效、灵活多变、有创造性的工作方法，努力使自己成为一名"科研型"的班主任。

七、由时代型向未来型转换

这包括两层意思：一是班主任必须成为学生的学校与社会、现在与未来两个不同时空的连接者。教育学生要着眼于社会、未来的要求以及个体发展的需要，使他们具有广泛的可持续发展性，从而培养他们成为能适应变化并具有较强自主能力的人。二是班主任自己要适应未来的需要。未来社会是学习型社会，终身学习是每个人生存的基本方式。要想让学生学会学习，班主任自己就要不断学习。若不掌握先进的教育理论，具备现代教育技术能力，就无法适应为未来社会培养新人的要求。

三、班主任的专业属性

近年来，有不少人讨论班主任专业化的问题，首都师范大学王海燕教授就提出"班主任专业化"的概念，但北京教育学院张红教授表示不赞成。张红认为，专业化的一个重要内容是专门化，而中小学班主任做不到专门化，班主任最本质的角色依然是教师，是教授某门学科（在许多地方还是主科）的教师。

然而从实践现状来看，班主任又确实是一个专业性较强的岗位，有着和学科教师不尽相同的职责。一名好的学科教师未必就一定能成为一名好的班主任，所以提高班主任的专业素质刻不容缓。专业素质是人们在专业活动中表现出来的直接决定其专业活动效果的品质的总和。

所以，目前的首要任务是对班主任的岗位职责和日常行为进行分析，看看班主任究竟是一种什么样的角色定位，承担着什么样的任务，在教育活动中有哪些行为。从现象出发，做本质的解读；从个性出发，归纳出共性的特征，在此基础上进行班主任专业素质的思考和探讨。

在对成功的班主任做了大量的观察和访谈之后，可以发现，班主任的日常行为可以简单地分为以事务管理为主的行政行为和以学生教育为主的专业行为。一个班主任的主要精力用在哪种行为上，可以反映出其工作专业程度的高低。一般来说，用于行政行为的时间和精力越多，则其专业程度越低。

（一）班主任的专业行为

班主任的专业行为大致体现在以下三方面：

1. 领导行为

这种行为以激励学生为主，主要指系统规划和设计班级发展目标，选拔和培养班干部，等等。

2. 管理行为

这种行为通常以规范学生为主，指教师从职位权力入手，联合各种教育力量，通过控制、协调等多种手段进行学生集体或个体的管理。

管理在班主任工作中有三种类型：（1）常规管理。对周期内重复出现的事情如卫生、纪律、课间操等通过建章立制来规范并使学生形成良好习惯。（2）文化管理。在规范的基础上进行以文化为核心的风气建设，通过班会、活动、集体舆论的营造等途径完成。（3）危机处理。就是指偶发事件处理的程序和机制。

3. 教育行为

这种行为以引导学生为主，教师发挥自己的专家权力和参照权力，对学生成长过程中的各种问题或困惑如自我生涯规划、同学关系、青春期男女生交往等提供建议、咨询和指导，同时利用自己的人格魅力来引领和影响学生的全面发展。

（二）班主任的专业属性

1. 专业态度

专业态度是一种理性的激情。对此的看法林林总总，业界普遍认可的观点是班主任必须具备爱心。这一点毋庸置疑，"没有爱就没有教育"是至理名言，但有了爱也不一定有成功的教育也是客观事实。热爱学生实际上是绝大多数班主任的职业感情，但它是否是一剂解决各种疑难问题的灵丹妙药却需另当别论。

传统意义上的班主任习惯于把惩戒和感化作为教育学生的两大武器。

惩罚，在权力教育的背景下，这一招曾发挥过很大的效力，但随着权力教育的逐渐谢幕，教师手中可供使用的惩戒权力越来越少，许多人开始举起爱的旗帜，似乎只要爱学生，一切问题便会迎刃而解。不幸的是，在爱的包围下或蜜罐里长大的学生们，对于爱也有了免疫力，不为所动。曾有一种言论很有代表性：我们习惯于把教师比作妈妈，也有不少班主任立志做母亲型班主任，但学生却并不认同，直接说："家里有一个妈就够了，怎么学校又多了一个妈？"这是令人深思的。我们与其不断强调爱心的重要，不如以冷静的态度理性分析一下班主任的爱究竟有何特质。

我们认为，情感性仅仅是教师爱的表象特征，理智性（尊重）和超越性（宽容）才是教师爱的本质特征。所以班主任的专业态度表现为：教育固然需要浪漫的理想主义精神，但更需要冷静的现实主义态度。不主张教育万能论，也不附和教育无能论。对于那些能够改变的事情（如学生成绩、习惯、认识、观念等），不抛弃不放弃，无论多少困难和障碍都不改初衷；对于那些不能改变的事情（气质类型、家庭背景以及学生与生俱来的某些缺点），以宽广的胸怀接纳和包容，并以一种透彻的理性划分这二者之间的不同，以一种理性的激情来面对工作中的问题和挑战。

2. 专业思维方式

优秀班主任和普通班主任最本质的区别，并不是教育技巧的高下，而是思维方式的差异。

普通班主任遇到问题时，通常想的是"怎么办"，他总是眼睛向外，渴望别人（专家、同行或领导）能够给他指点迷津，能够给他具体的策略，他学习名班主任时也总在模仿别人的具体策略。而优秀班主任则完全相反，遇到问题时通常想的是"为什么"，他将眼睛向内，观察和分析问题可能产生的原因，制订有针对性的方案，然后逐一去验证，在实践中反复调整，最终依靠自己的力量解决问题。他在学习名班主任时，更加注重的是领悟具体方法背后的方法论，并将其创造性地运用到自己的教育实践中。

普通班主任通常是直线式的思维，把复杂的教育现象简单化，认为一个结果的产生只有一种原因，所以他经常挂在嘴上的话是"我一猜就是你，除了你还有谁？你绝对是成心的"。他解决问题的思路通常是"自古华山一条道"。优秀班主任则知道一个结果可能是多种原因导致的，一种原因也可能导致多种结果，所以他总是在分析之后才下结论，他提出的策略总是具有针对性，因而是"一把钥匙开一把锁"。

3. 专业能力

如果列出一个简单的能力结构，班主任专业能力中最核心的依然是教育能力，因为班主任最终的角色定位是管理型的教育者。一方面，管理的目的是为了教育，管理是手段，是为了更好地促进学生发展。但另一方面，是否具备班级管理能力，却是班主任和学科教师之间最重要的区别。

管理更多地面向集体，教育更多地面向个体；管理更多地规范行为，教育更多地引领思想。所以管理能力和教育能力是班主任不可或缺的专业能力，包括研究学生的能力、制订班级发展规划的能力、建章立制的能力、识人用人的能力、组织活动的能力等。

从班主任的实际职责看，还有一些能力也很重要：处理大量的事务需要时间管理能力，能够区分大事小事、急事缓事，哪些是必须自己做的事，哪些是应该放手给学生做的事，从而有条不紊、忙而不乱；协调人际关系（家校、师生）需要良好的沟通能力。此外，提升和发展自己，需要反思和科研能力。因为成长本身也是技术性很强的事情，处于成长的哪个阶段，找到发展的哪些路径等都很重要。

最后要强调的是，虽然这是一个专业班主任应该具备的专业素质，但毕竟只是一个理论状态的成分构想。具体到每个人身上依然会有差异和强烈的个人风格，所以成功是不可复制的，唯有智慧才让人独具风采。

第二节　班主任的工作理念

对班主任工作来讲，班级管理知识、技能固然重要，但教育理念同样不可或缺。或许有些班主任不太理解，理念是个抽象的、无形的东西，看不见也摸不着，要它何用？我们是做实际工作的，你只要告诉我怎么做就可以了。其实，这是一个错误而有害的认识。大家试想：脑袋不变，手会变吗？通常人们说"观念决定行为"，就是这个意思。班主任有什么样的教育观、教学观、质量观、人才观、评价观、发展观，将直接、间接地影响其班级管理行为，从而也就直接、间接地影响到班级管理工作的质量。

一、用发展的眼光期待学生

学生是成长中的人，是发展中的人。作为成长、发展中的人，他们是不成熟、不完善的。学生的这种不完善是人的发展过程中的正常现象。从这个角度来讲，正因为学生的不成熟、不完善，才需要教育，才需要教师。

发展作为一个进步的过程，总是与克服原有的不足和解决原有的矛盾联系在一起的。没有缺陷，没有矛盾，就没有发展的需要。认识到学生是发展中的个体，就要理解学生身上存在的不足，就要允许他们犯错误。班主任要帮助学生解决问题，改正错误，从而不断促进学生的进步和发展，这是一种最基本的学生观。

二、用赏识的眼光看待学生

世界上没有两片完全相同的树叶，也没有完全相同的两个人。每一个人都是独特的，人和人是有差异的。苏霍姆林斯基在《请相信：没有也不可能有抽象的学生》一文中，要求教师了解学生的独特性。学生不仅身体上有差异，心智上也有差异。人的智能是多元的，美国心理学家霍华德·加德纳将人类智能分为八种：语言智能、数理—逻辑智能、空间智能、肢体运动智能、音乐智能、人际关系智能、内省智能、自然观察智能。每个人都有优势智能，也有劣势的部分。在个性方面，每个学生也不相同：有的开朗活泼，有的内向沉稳，有的善于交际，有的喜欢独处，等等。

班主任要发现每个学生的特长，赏识每个学生的独特性。赏识能帮助学生建立自信心。在赏识的目光下，学生感到自己在集体里不再是无足轻重、可有可无的人，因此抬起头、挺起胸，对自己充满信心。赏识，会培养学生的责任感，在赏识力量的促动下，学生把"让同学因我的存在而感到幸福"作为自己追求的目标。赏识，会促使学生自我完善，在赏识他人的过程中，学生自然而然地看到他人的长处，从而信任他人，欣赏他人，相互间多了钦佩、学习，少了反感、忌妒，在互敬互励中不断地吸收他人之长来完善自我，超越自我。

三、用商量的方式与学生沟通

凡事与学生商量，是尊重学生的意愿，是民主的体现。商量能让学生感受到班主任对他们的信任和尊重，让他们觉得自己是班级的主人。

那么，怎样和学生商量呢？第一，班主任要放下架子，不要高高在上。如果以居高临下的姿态出现在学生面前，那样就不会有真正的商量，学生怕了，哪儿还敢说话？第二，"怡吾声，柔吾色"。即和颜悦色，放低你的声音，不要让学生觉得你在说教。你可以这样对学生说："我想在班上组织一个互相关心的活动，你们觉得怎么样？""做家务可以体现我们的孝心，请大家回去每天做一件家务事，好不好啊？"第三，避免对学生无礼的命令。戴尔·卡耐基在《人性的弱点》一书中讲了这样一件事：有个学生把车子停在了不该停的地方，因而挡住了别人的通道。老师冲进教室很不客气地问："是谁的车子挡住了通道？"等汽车主人回答之后，这位教师厉声说道："马上把车子移开，否则我叫人把车拖走。"这个学生是犯了错，车子是不该停在那里。但是，从那天开始不止那个学生对老师心存不满，甚至别的学生也常常故意捣蛋，使那位老师不好过。如果这位老师用不同的方式处理这一事情，结果会如何？他可以好好地问："谁的车挡住了通道？"然后建议这位学生移开车，以方便别人进出，相信这个学生会乐意这么做，这样也不会引起其他同学的反感。换种方式，效果或许会不同。

四、用正面的教育鼓舞学生

坚持正面教育是班级教育管理工作的一条重要原则，也可以称为"积极对待的原则"。"正面"含有"尊重、信任、肯定、理解、体谅、宽容、期待、帮助、激励"等多方面的积极意思。

正面教育原则适用于以下两种时刻：一是普遍对待的时刻。班主任平时开展工作的时候，要始终坚持对全体学生实行积极引导的策略，相信每一个学生都有积极向上的愿望，都有健康成长、健全发展的能力，班主任主要扮演好一个积极的促进者、引导者的角色。二是特殊对待的时刻，就是当学生的成长、发展发生偏差、出现问题的时候，班主任要坚持积极对待的原则，相信"出问题"也是学生的不幸，不是学生主观所愿，也相信出问题的学生有能力在别人的帮助下自己教育好自己，班主任主要是扮演好一个帮助者的角色，正面教育原则用于特殊对待的时刻，具有特别重要的意义，它最能体现教育的"人文关怀"精神。

五、用快乐的生活调节学生

很多老师兢兢业业，无私奉献，从早到晚守着学生，总想"我这么辛苦是为了谁？你们还有什么理由不苦练苦学"，甚至津津乐道"三苦"精神——老师苦教、学生苦学，家长苦陪（陪读）。所以，一些老师是没有"学生幸福"这个概念的。

人的幸福不光是"有吃有穿"，20世纪六七十年代的学生，远没有今天的学生吃得好、穿得好，但他们玩得好，他们上树捉鸟，下河抓蟹，上山砍柴，下水嬉戏……到今天还可以回味那份快乐和幸福。而现在的学生，作业成堆，补课补得没有节假日，没有寒暑假。尤其是即将面临中考、高考的学生，常常是伏案到深夜，清早又是全家最早出门的，累得他们甚至没有"玩"的欲望，常常"只想好好睡一觉"。一项调查显示：20%的少年学生感到几乎没有玩的时间，80%的学生每天玩的时间不足1小时。近60%的学生每天睡眠在8小时以下，其中13%仅为6~7小时，甚至还有8%的学生每天在6小时以下，一个个都是"特困生"——人困马乏。被调查的学生最想讨的"三大权利"是玩、睡觉、自主阅读。

我们习惯于认为学生的价值在未来，因而对学生教育的价值取向也主要指向未来。而对人类现代教育发生"哥白尼式的革命"影响的美国著名教育家杜威早就指出，"教育即生活""教育即生长"。教育不是生活的预备，而是学生现在生活的过程。有一句歌词说："学生，你的名字不是明天。"试想，没有"童年"的感性、直觉、经验、行为、习惯、兴趣、本能和能力的充分发育，会有将来的知识、理性、智慧、思想、信念、观点、主张、抱负、意志的高度发达吗？没有童年的幸福，那会有将来的快乐？

有一则报道说一位小学三年级的学生，整天愁眉苦脸，精神涣散，学习成绩不佳。没想到，专家开出的"药方"竟是：让学生每天放学后痛痛快快玩上一个小时。结果这"方子"真管用：不出一个月，这学生脸上不但有了笑容，学习成绩也直线上升。

学生的本能和能力为一切教育提供了素材，并指出了起点；真正的教育即是学生自身的本能、兴趣和能力的生长过程；教育的价值和标准就看它创造继续生长的愿望达到什么程度，看它为实现这种愿望提供的方法达到什么程度。

第三节 班主任的核心素养框架

美国著名教育心理学家吉诺特说："在学校当了若干年教师之后，我得到了一个令人惶恐的结论——教育的成功与失败，我是决定性因素。身为教师，我具有极大的力量，能够让学生活得愉快或悲惨；我可以是制造痛苦的工具，也可以是启发心灵的媒介；我能让学生丢脸，也能让他们开心，能伤人也能救人。"可见，教师责任之重大，而班主任尤其如此。所以，班主任要意识到自己的重要性——说小一点，对学生成长的重要性；往大处说，对国家、民族未来的重要性。要不断地用心去体会、琢磨工作艺术，提高自己的带班能力和各方面的素养。

一、端正观念，引领行动

教育思想观念对于班主任工作十分重要，有些时候观念决定行为，有什么样的思想观念可能就会导致什么样的教育行为。班主任的学生观内涵十分丰富，这里择其主要方面做一介绍。

（一）承认学生是人，是成长中的人

"承认学生是人"，这看上去是多余的话，但实则有强调的必要。一些教育工作者心中未必真正把学生当作人，"长大成人"的说法就是证明，似乎长大了才是人。在现实的学校生活中，存在两个比较明显的倾向：一是把人异化为工具，当作追求班级在学校的排名、学校在市县排名的目的物；二是把学生当作"容器"，接受知识的"容器"，看不到人的主体地位、主观能动性。

承认学生是成长中的人，也是一个十分必要的命题。一些教师忘记了自己从幼稚走向成熟的过程，往往按照成人已经达到的社会化程度也就是成人的标准、眼光来要求学生，这是违背人发展的客观规律的。

（二）要看到学生发展中的主流方面

让我们先看一则材料：《大白纸和小黑点》。有位哲学家，在一张大白纸上画了一个小黑点，然后拿起白纸向台下展示，问大家看见了什么。大家异口同声地回答："看见了一个小黑点。"哲学家又问大家还看见了什么，大家都摇了摇头。哲学家不无遗憾地说："你们看见的应该是有一个小黑点的大白纸！为什么对这么大的白纸视而不见，而偏偏看清了一个小黑点呢？"读后颇有点耐人寻味。教师如何看学生，对学生的自我认知会产生很大的影响，不可不慎。

（三）承认并尊重学生个体之间的差异

班级就是一个"微型社会"，应该是一个充满多样化的地方。学生的兴趣爱好、能力特长、家庭环境、地域背景、身体条件、心理成熟程度、学校生活经验等各不相同。作为班主任，要超越课堂中的差异。在一定程度上说，"课堂多样化是我们最大的财富之一"。差异本身就是一种重要的教育资源，差异能够给学生带来丰富的体验，也会给教师工作带来挑战。

二、五心育人，水到渠成

（一）以童心理解学生

班主任要有童心。几岁、十几岁的学生应该天真，应该幼稚，因为天真、幼稚，他们会说错话、做错事、犯错误。试想一下，如果几岁、十几岁的学生一个个都不天真，都不幼稚，都老成持重，那该是一幅多么可怕的情景！18世纪法国启蒙思想家卢梭认为，大自然希望学生在成人以前就要像学生的样子。学生是有他特有的看法、想法和感情的，如果想用我们的看法、想法和感情去代替他们的看法、想法和感情，那简直是最愚蠢的事情。阿莫纳什维利曾说："一个学生不会顽皮，这就意味着他丢失了某种东西，他内在的某种重要的东西没有得到显露和发展。这种重要的东西沉睡着，如果他的整个童年都是这样度过的，要知道，在今后，任何力量都不能唤醒这沉睡的东西！"

可现在有些班主任容不得学生天真、幼稚，学生因为天真讲了错话就暴风骤雨地加以批评，因为幼稚做了一件错事就劈头盖脸地予以厉斥，把学生管得"抬头看天就是傲慢，俯首看地就是自卑"。资深学者季羡林先生在《两行写在泥土地上的字》里说得好："我们中年人或老年人，不应当一过了青年阶段，就忘记了自己当年穿开裆裤的样子，好像自己一生下来就老成持重，对青年总是横挑鼻子竖挑眼。我们应当努力理解青年，同情青年，帮助青年，爱护青年。"德国学者凯斯特纳说："绝大多数人，他们像脱去一顶旧帽子似的，早已把童年抛之脑后。他们犹如忘记一个不再使用的电话号码，忘却了他们自己的童年。"他说："只有长大成人并保持童心的人，才是真正的人。"

老子提倡"复归婴儿"，孟子提倡"不失赤子之心"，一位校长建议教师将自己"还原为学生"，都是有道理的。"为师不忘童年梦，常与学生心比心"，只有常怀一颗童心，才能真正地、设身处地地站在少年学生的立场上思考问题，体会他们的心境，理解他们成长过程中的困惑和烦恼，从而真正成为他们的良师益友。

（二）以爱心温暖学生

虽然有了爱，不一定就有成功的教育，但没有爱，肯定难有教育的成功。

25年前，有位教社会学的美国大学教授，叫班上学生到巴尔的摩的贫民窟，调查200名男孩的成长背景和生活环境，并对他们的未来发展做一评估。每个学生的结论都是："他毫无出头的机会。"

25年后，另一位教授发现了这份研究。他让学生做后续调查，看昔日这些男孩今天是何状况，结果发现，除20名男孩搬离或过世，剩下的180名中有176名成就非凡，其中担任律师、医生或商人的比比皆是。

这位教授在惊讶之余，决定深入调查此事。他拜访了当年曾受评估的年轻人，跟他们请教同一个问题："你今日成功的最大因素是什么？"结果他们都不约而同地回答："因为我遇到了一位好老师。"

这位老师仍然健在，虽然年迈但仍耳聪目明。教授找到她后，问她到底有何绝招，能让这些在贫民窟长大的学生出人头地。老太太眼中闪着慈祥的光，微笑着回答："其实也没什么，我爱这些学生。"

的确，"亲其师"方能"信其道"。教育本身就意味着一棵树摇动另一棵树，一朵云推动另一朵云，一个灵魂唤醒另一个灵魂。如果一种教育未能触及人的灵魂，未能引起人的灵魂深处的变革，它就不成其为教育。要实现真正意义的教育，爱几乎是唯一的力量。联合国教科文组织前总干事马约尔说得好："世界上只有一种教育，那就是爱的教育。"

班主任还要注意把对学生的爱定位在合适的位置上。我们爱学生，但更重要的是爱的方式。我们不能以爱为理由，让学生背负沉重的负担；不能以爱为筹码，让学生感觉到天平的失衡；不能以爱为条件，让学生陷入功利的误区。李镇西说："以厚此薄彼的态度对待学生，并不是真心爱学生。所爱的一部分学生实际上成了班主任的私有物，因而这种爱是自私的。真正的爱是爱所有的学生，爱身边所有的人。"

（三）以耐心期待学生

耐心是教育者的一大美德，没有耐心是一大缺陷。有些学生由于"不太聪明"或缺少练习，因而没有能按时完成他们的作业；有些学生没有取得预期的进步；有些学生尽管有改正错误的良好意愿但时不时旧病复发……每当这时，班主任都要有十分的耐心。如果你轻易发脾气，学生的努力可能就会付诸东流。

这种耐心不同于纯粹的无动于衷，也不同于事不关己的冷眼旁观。耐心意味着我们要更多地留意学生的发展，在他们发育成长的过程中，我们既不要匆忙行事，也不要错失良机，这种耐心要求教师有高度的自制力，善于克服各种干扰和失望情绪。

（四）以宽容心接纳学生

学生是成长中的人，难免会有这样那样的问题，班主任要宽容大度。赞可夫说："教师这门职业要求于一个人的东西很多，其中一条要求自制。在你叫喊以前，先忍耐几秒钟，想一下：你是教师。这样会帮助你压抑一下当时就要发作的脾气，转而心平气和地跟你的学生说话。"苏霍姆林斯基更是简洁明了地指出："有时候宽容所引起的道德震荡比惩罚更强烈。"

英国著名解剖学家麦克罗德曾说，对自己一生影响最大的人物是"读小学时因杀了他的狗而给我处罚的校长，在我心目中，他是最好的老师"。麦克罗德读小学时，出了名的爱"捣蛋"，一天他忽然想看看狗的内脏是什么样子，便和几个小伙伴偷偷套住一只狗，宰杀后把内脏掏出来一件件观察。谁知这狗是校长的爱犬。校长得知后十分恼怒，决定施以"重罚"：罚他画一幅人体骨骼和一幅血液循环图。麦克罗德深知自己的错误，画得十分认真，在画的过程中，他解剖狗的知识派上了用场，同时也深感自己知识的不足。事后，校长认为他画得很好，"杀狗事件"就这样了结了。我们不能不佩服这位校长的襟怀，在学生严重地触犯了他私人的利益后，仍能以这样理智而宽容的方式来教育学生。

宽容需要尊重，班主任要尊重每一位学生，在学生出问题时给予理解和尊重；宽容需要理智，情绪化地处理问题往往会偏离客观，其结果不仅会伤害别人也会伤害自己；宽容需要关爱，宽容的本意就是爱，是一种人本情怀。联合国把每年11月16日确定为世界宽容日，意在以宽容来解决国际间的矛盾和争端，人与人之间更需要这种精神。它是一个具有普适性的价值观念，为全球所接受。班主任更要具备宽容的品质，宽容可以滋生智慧，宽容可以催促新生。

（五）以公平心赢得学生

从某种意义上说，教师的爱心、仁慈集中表现在对"问题学生"的态度上。这一点，苏霍姆林斯基有一个很好的阐述。他说："要关怀人，就是说对待学生犹如对待自己的儿子一样。学生学习成绩不好，落后；学生难于像他的同班生那样学习；学生或少年犯了流氓行为……所有这些都是糟糕的事。如果是你的儿子遇到了这种糟糕事，你会怎么办？不见得会提出开除、减品行分数之类的处理办法。当然，理智会提醒聪明的父母，这些办法也是需要的，但，你的心里首先会提出极端必要的办法去挽救儿子，只用惩罚是不能挽救人的。"所以，教师要爱学生，爱所有的学生：聪明的，抑或是迟钝的；漂亮的，抑或是难看的；家庭富有的，抑或是贫寒的。

对成绩差的学生，不能歧视，要认真分析其问题的原因之所在，有针对性地加以指导。就像医生细心地研究病人的机体，通过"望、闻、问、切"找出病源，以便"对症下药"进行治疗一样，教师也应当仔细耐心地研究学生的智力发展、情感发展和道德发展的情况，找出他们学习困难的原因，采取能够照顾个人特点和个别困难的教育措施。

三、尊重学生，亲切平和

亲切平和是教师吸引力之所在。有些班主任觉得要摆出威严，学生才会"听话"，才"好管"。其实，这里面要注意一个分寸，过于严峻，学生不敢接近，像"老鼠见到猫"似的，有话闷在心里，就会"不通则疼"。亲切平和还包括勇于承认错误。有些班主任在出现错误之后，觉得在学生面前承认错误，拉不下面子，因此，错也要错到底，以维护自己的权威。这是不应该的，"人无完人"，班主任工作中出错是难免的，重要的是有了错误之后勇敢面对，及时挽回影响。这样，不但不会降低在学生中的威信，恰恰相反，会使自己在学生心目中的地位上升。

四、学法懂法，依法治班

不论是刚刚上任的新班主任，还是工作多年的老班主任，都应该拿出点时间，学一些法律知识。当然，也要仔细阅读您学校的各项规章制度，尤其是对各种违规违纪行为的处理规定。通过学习，能更好地了解教师的权利和义务，弄清楚自己的职责和底线，明确各种问题的处理方法，以使自己的工作能够顺利开展。

（一）尊重学生的受教育权

受教育权是公民的一项基本权利，这在《宪法》《教育法》《义务教育法》等法律法规中都有明确规定。学生受教育权具体表现为受教育的平等权、受教育的选择权和上课权等。

（二）保护学生的人身权

人身权是公民权利中最基本、最重要、内涵最丰富的一项权利。人身权的正常享受与否，关系到公民能否进行正常的学习、工作和生活。一般而言，人身权包括生命健康权、人身自由权、人格尊严权、人身安全权、心理健康权、名誉权、荣誉权、隐私权等近20项细致的人身权利。这些权利无论受到何种形式的侵害，公民都可视情形要求取得民事赔偿、国家赔偿甚至刑事保护。由于中小学生是未成年人，身心还未充分发育，因此，他们的人身权更应受到特别保护。在这方面，侵权事件主要有：对学生实行心罚或体罚、变相体罚学生（如罚超量写作业，罚做某个动作等）；随意怀疑学生有偷窃行为而对其搜身或搜其书包；侵害学生的隐私；翻看学生的日记并就其中的内容在全班对其讽刺、讥笑等。

（三）保证学生能够获得公正的评价权

学生的公正评价权是指学生在教育教学过程中，享有要求学校、教师对自己的学业成绩、道德品质等进行公正的评价，并客观真实地记录在学生成长档案中，在毕业时获得相应的学业成绩证明和毕业证书的权利。学业与道德品质评价与学生将来的升学、就业息息相关，甚至会对他们一生的成长产生影响。这就要求学校和教师在对学生进行评价的时候应该一视同仁，不偏不倚。比如，在"三好学生"的评选、高考"保送生"的推荐等问题上，就应该公平公正，如果把不具备条件的"关系学生"评上了、保送了，就挤占了原本有条件上的学生的名额，就侵犯了他们本该享有的公正的评价权。

五、学会辩证，两极趋中

班主任工作千头万绪，若能在工作中巧妙地运用辩证法，可使工作收到事半功倍之效。

（一）班级活动频率的疾与缓

班主任要把握好班级活动的频率。活动过多，一波未平一波又起，一个活动刚刚结束，另一个活动又在紧锣密鼓地筹办之中，学生长时间处于紧张、兴奋状态，会感到身心疲惫，时间长了，会影响学业；相反，班级活动过少，学生会感到无所事事，容易松散，班级就会失去生气和活力。

（二）班规执行中的严与活

严，就是严格要求，在制定班规时要从严从细。活，就是在处理问题的过程中要根据实际情况灵活处理。比如，对性质比较严重的错误要严肃处理，以保证班级纪律的正常执行；小的细节错误，也可以不追究，稍做暗示，让学生知错就行了。

（三）师生关系的亲与疏

亲，就是对学生要表现出和蔼可亲、平易近人的态度，使学生觉得老师不难接近，从而缩短师生之间的距离。疏，并不是疏远学生，而是指班主任要保持与学生的应有的界限与距离。我们可能都有这样的感觉：一幅油画，近看模糊一团，毫无艺术可言，远看则浓淡相宜，疏密有致。这就是心理学中所讲的"距离效应"。生活中常有这样的现象：一个你很敬佩的人，由于相处过密，对方的缺点日渐暴露，你就会不知不觉地改变原有的情感，甚至变为失望。学生（尤其是低年级学生）往往对教师言听计从，对家长的教育置若罔闻，这其实并非全是因为教师比家长更懂教育方法，或者更加高明，其中"距离效应"起着更为重要的作用。

（四）班干部搭配的文与武

班委人数虽不多，但各人脾气性格、兴趣爱好、能力特长都不一样，工作能力也有高有低，这就需要班主任在分工时合理搭配，取长补短，形成互补。比如，有的踏实稳重，有的雷厉风行；有的善谋略，有的肯实干。

（五）班主任言论的多与少

班主任的一言一行，对学生起着重要的影响作用。所以，什么时候讲，什么时候不讲；什么时候多讲，什么时候少讲，都有一定的讲究。比如，自习时间到班上，要少讲，以免分散学生精力，而课余时间深入学生中间，要多讲，以便增进师生感情；表扬学生要多讲，更多的鼓励话语会激发学生奋发上进的勇气，而批评教育时要少讲，揭示本质、击中要害即可，过多的唠叨只会引起学生反感；开展重大活动时要多讲，鼓舞士气，渲染感情，而强调纪律时要少讲，斩钉截铁、板上钉钉，会增强说话的分量；面对全体学生要少讲，言多必失，容易引起学生的误解，私下谈心要多讲，推心置腹，循循善诱，方能达水到渠成之功效。

（六）班主任工作的勤与惰

传统教育提倡班主任要"三勤"：腿勤——勤往班里走，眼勤——多往班里看，嘴勤——多对学生说。事实上，很多班主任确实是"勤"字当头，就是别的任课教师在上课时，他都会从门缝往里面看看，看哪个学生听课不认真了、开小差了，上课后便把这个学生找到办公室训话。精神确实可嘉！但我们以为班主任的勤应该把握一个分寸。《三国演义》中的诸葛亮，夙兴夜寐，事必躬亲，其结果是他逝世之后，"蜀中无大将，廖化作先锋"。很多班主任容易犯诸葛亮式的错误，包办代替，求全责备，现实中人们发现那些班带得好的班主任往往是"有所为，有所不为"的班主任。

（七）班主任工作方式的刚与柔

班主任的工作方式不应该"一刀切"，而应该因人而异。对有些学生，比如性格比较内向的学生，胆子比较小、一说话就脸红的学生，偶尔犯错误的学生，我们进行教育时应该和风细雨、春风拂面。但对另外一些学生，比如性格比较外向的学生，胆子比较大的学生，屡教不改的学生，也讲春风拂面，可能就起不到什么作用，那样只能如"挠痒痒"一般，所以，对这些学生的批评教育，有时候就要虎威震山。

六、会抓关键，纲举目张

（一）把握关键时间

开学初的一个月。一个富有经验的班主任会牢牢地抓紧开学初的一个月左右的时间，只有"开好局""起好步"，养成好的习惯，后面才能得心应手。在这个时间段里，班主任要做的主要工作有：做好"收心"工作，学生经过寒暑假，心都"玩野"了，要尽快让他们把心收回来，这个过程越快越好；及时调整班干部；确定班级工作目标，制订班工作计划，让全班同学明确本学期的努力方向。

期末放假前半个月。学生辛苦地学习了一个学期，可能会因为向往放假而分心；部分学生可能会因为担心考试而焦虑，班主任应做好相关的工作。

考试后。或许有人说："考试后不就放假了吗？怎么放假了还是'关键时间'？这班主任当得还有完没完？"但是，只要您细心观察，就可以发现，一个有经验的班主任，即使是考完了、放假了，他仍然会趁热打铁地将一些后续工作处理完。比如，部分学生思想放松，或许是因为害怕成绩不好丢面子，甚至因为考试不好而自暴自弃，班主任要有针对性地做好预防工作。

（二）抓关键人

现在很多班级是超大型的，一个班往往五六十个甚至七八十个学生。班主任可通过抓关键的人来带动整体，关键的人主要有班干部、学习骨干、后进生、非正式群体的"小头目"等。

（三）抓关键活动

关键活动，一方面是积极组织学生参加学校举办的重大活动，可以振奋人心；另一方面选好主题，开展班级活动，活跃气氛。

第二章　班主任工作的原则性与艺术性

班主任是对近、现代学校教育中，出现并产生的一种工作职位的称谓。班主任作为班集体的组织者和指导者，是学校领导者实施教育、教学计划的得力助手。他在学生全面健康的成长过程中，起着导师的作用，并负有协调本班各科的教育工作和沟通学校与家庭、社会教育之间的联系的责任。

班主任工作是教育面向现代化、面向世界、面向未来，培养有理想、有道德、有文化、有纪律的具有创新精神和创新能力的人才的基础性条件。要实现上述目的，班主任工作就需要既坚持原则，又强调艺术，换言之，班主任工作是原则性与艺术性的统一。

第一节　班主任工作的意义和作用

班级是学校中进行教育和教学工作的基本单位，是培育青少年一代走向美好生活的重要处所。一个学校的教学、思想品德教育、生产劳动、课外活动等都是通过班级来进行的。而实践证明，一个班级的好坏，班主任工作起着决定性的作用。一个班上几十名学生是否能成为全面发展的一代新人，很大程度上取决于班主任工作的成效。古希腊哲学家柏拉图说："如果一个国家的鞋匠不合格，国民只不过是穿几双坏鞋，如果教师不合格那将影响一个国家的几代人的素质。"

班主任工作的重要意义与具体作用，主要体现为以下几个方面：

1. 班主任是学生直接的教育者

班主任归根到底是个教育者，班主任组织一切活动的目的就是为了教育学生，他是通过教学、管理来实现育人目标的，育人是班主任的神圣职责。

班主任对学生的工作侧重于思想教育，思想教育是通过各种活动具体实施的，要寓教育于各项活动之中，使学生的思想境界在活动中得到提升。诸如通过各学科教学、班会、校会、选修课及各类活动课来进行爱国主义教育、集体主义教育、近现代史教育和国防教育等。班主任还要指导本班的共青团、少先队开展活动。班主任对这些教育活动负主要责任，因此他对学生思想觉悟和道德水准的提高起着特殊的重要作用。

班主任还要不断提高学生的自我教育能力，激励学生积极自觉地从事班级的工作，主动参加各项活动，自觉进行各方面能力的训练与培养。班主任要特别加强对后进学生的思想教育，帮助其培养良好的行为习惯，树立崇高的理想、信念和正确的价值观。这对学生一生的成长和发展都起着不可低估的作用。同时，班主任还要像爱护自己的子女一样爱护学生，从这个角度上说，他又是在校期间全班学生的保护人。

2. 班主任是班级活动的组织者和管理者

学校教育体系中班级是最基层的组织，班主任最常见的工作就是对班级的活动组织和教育管理。

班主任的组织管理是通过班级这一组织形式来具体实施的。建设良好的班集体，班主任起着关键的作用，这是他们最主要的职责之一。同时班主任还要有意识地培养具有本班特色的优良班风和光荣传统，并一届一届传承下去。

共同活动是集体的生命。班主任除了组织学生在校从事上课、自习等常规性学习活动，督促班级学生完成学习任务外，还要善于组织学生参加各种竞赛等课外活动，组织参加劳动、服务、调查等各种社会活动。

班级干部是每个班集体的领导核心。班主任要挑选学生信服的学习骨干和积极分子组成班委会，依靠学生干部对全班学生进行管理，顺利开展工作。班主任对班干部起着选择和培养的作用。

班会是对全班学生进行教育管理的重要形式。班主任有目的、有计划地展开主题班会活动，就能更好地实施对学生的集体教育。

班主任还要不断地加强对学生的组织纪律管理和生活管理。组织管理是教育学生的保证，而教育学生则是组织管理的目的，二者是相辅相成的。

3. 班主任是连接各种教育资源的纽带和桥梁

学校的各种教育教学工作包括各科课堂教学、各门选修课、各项课外活动、各种教育实践等。班主任要将其具体传达给学生，并组织学生完成任务，达到学校要求的预期目的；反过来，学生对学校的工作、活动及要求等情况的反映，也主要靠班主任搜集、输出、传递给学校。所以，班主任在学校与学生中间起桥梁和纽带作用。

为了保证各种因素对学生影响的一致性，班主任首先应与校内的各种教育力量取得联系，使他们在影响学生时保持一致。如果科任教师与班主任各行其是，对学生要求不一致，就会造成学生的行为、思想上的矛盾。班主任应当经常与科任教师交流情况，同时征求科任教师对班级教育管理的意见和建议，以便更好地完成教育教学任务。

班主任要与学生家长取得联系，要架设家长和学校之间的沟通桥梁，协调对学生教育的各方面要求。每一个学生都深受家庭的熏陶，家庭成员对学生的教育极大地影响着班主任工作的开展。如果家庭成员文化层次较高，具有良好的品德素养，能自觉地与班主任共同一致地教育学生，就能有效地促使学生健康成长。反之则不然，当家长的要求与班主任对学生的要求相互抵触时，班主任必须认真细致地做好家长的思想工作，使家长自觉地与学校密切配合，共同教育好学生。

4. 班主任是教育工作的总结者和评价者

班主任要根据教育任务、学校计划和本班的特点，围绕德、智、体、美、劳全面发展的培养目标，制定出本班不同学期内的工作任务和应采取的具体措施。

每个学生的思想品德、学习、劳动、才能、艺术、言论、行为等方面的表现各有差异，班主任要善于发现正反两方面的典型事例，及时给予表扬或批评、奖励或惩罚，以教育学生，树立班级集体的正气。

操行评定是对学生在一个学期内的学习、劳动、思想品德和生活纪律等方面的小结和评价，主要由班主任负责。要把对学生的操行评定作为一种教育手段，激发学生产生上进心，明确努力方向。

班主任要对自己的工作及时总结，汇集情况，找出经验与教训，找出规律，丰富教育理论，并在此基础上制定新的决策，再指导实践。

总之，学生人生观的树立、生活道路的选择、思想品格的完善、智能的开发、学识的长进，都离不开班主任的潜在影响。要把他们培养成为具有创新精神和创新能力的人才，班主任起着重要的作用。

第二节　班主任需具备的修养

教育是人类社会发展的重要保证之一，人类社会文明的发展是无止境的，教育事业也是永恒的。在推进人类文明的进程中，教师自身的素质也不断得到健全和完善，这种健全程度和完善过程，便是教师修养的结晶。所谓班主任的修养，是指其在政治、思想、道德、人生观、知识、能力等各方面素质上所进行的培养、锻炼和所能达到的水平。

实际上，任何一个人都在有意识或无意识地进行着自我修养。苏联教育家安·谢·马卡连柯曾经指出："首先是教师品格的陶冶、行为的教育，然后是专门知识和技能的训练，不经过这样的步骤，任何一个教师也不能够成为很好的教师。"一般来说，班主任的修养主要包括以下几个方面：

1. 政治思想修养

政治思想修养有着鲜明的时代色彩，有强烈的阶级特点和民族特点，班主任的政治思想修养的性质必须符合社会主义教育的要求。政治思想修养对其他修养起制约、导向作用。

政治修养主要指班主任在政治方向、政治态度、政治表现等方面进行的培养、锻炼和所应达到的水平。班主任的政治修养表现在以下几个方面：

（1）对教育事业有明确的认识并能担负起光荣的历史使命。作为班主任必须认识到教育事业是立国之本；认识到教师是太阳底下最崇高的职业，而班主任是青少年一代健康成长，德、智、体、美、劳诸方面全面发展的引路人和工程师。

（2）热爱祖国、热爱社会主义制度，献身教育事业，是班主任政治修养的基本要求。班主任还应自觉遵守国家的法律、法令、条例和组织纪律。

（3）无私奉献，艰苦创业。目前教师的经济收入还不算高，这就要求班主任发扬无私奉献的精神，吃苦在先，享乐在后。对工作有义务感，对事业有使命感，对学生有责任感。

思想修养是指班主任世界观、方法论、理想和信念等方面经过长期锻炼和培养所达到的水平。班主任的思想修养表现在以下几个方面：

（1）班主任必须有为教育事业献身的精神，这主要表现在献身全面培养、教育学生上。班主任必须热爱自己的学生，忠实地履行自己的职责，富有强烈的责任感。班主任的工作是平凡的，他默默地用自己的生命之光，引导学生进入知识殿堂，攀登科学高峰。

（2）班主任必须勤于思考，深谋远虑，有为工作做出成绩的进取心，力求尽职尽责地完成自己所担负的工作任务。

（3）具有实现既定目标的自信心。为了实现自己的理想、目标，为完成自己的职责，能够克服前进中的任何艰难险阻。

2. 学识修养

所谓学识，是指学问和见识。班主任的学识修养是班主任在学问、见识方面应达到的水平，班主任的地位和作用决定了班主任应有较高的学识修养。

（1）班主任要有一般的社会科学知识和自然科学知识。在知识的掌握上，班主任比其他教师应该更深、更广一些，要尽可能扩大自己的知识面，掌握尽可能多的知识。只有这样才能率领学生攀登科学高峰，才能满足学生的求知欲。

（2）班主任要有一定的法律常识修养。班主任只有懂得法律常识知识，才能向学生进行法律宣传教育。从目前情况看，真正懂法的班主任并不多，甚至违法又不自知，班主任加强有关法律常识方面的修养是至关重要的。

（3）班主任必须要有足够的专业知识方面的修养。班主任所传授的科学知识，必须达到国家规定的程度和范围。作为班主任不仅是一个优秀的管理者，还必须是一个教学能手，使自己的课上得符合教育理论关于好课的标准，这样才会赢得学生的尊重和信赖；班主任必须学习教育理论知识，掌握教育规律及学生的思想品德形成发展的规律，树立正确的教育观点，掌握正确的教育方法，只有这样，才能克服盲目性，使工作有的放矢，卓有成效；班主任作为班级的管理者和领导者，应懂得管理规律，掌握管理和领导的艺术，这样才能更好地发挥管理效能，使班级教育管理取得更好的成效。

3. 能力修养

班主任的能力修养，主要是指思想工作的教育能力、组织管理能力、教学方面的能力三个方面，这三个方面的能力，又具体地分为九个层次的内容。

做学生的思想工作是班主任首要的任务，这就要求班主任必须具备：

（1）敏锐的观察力。班主任要能从学生的眼神、表情、动作、姿态等外部表现中，探究他们的心理活动，洞察学生思想的状况和变化，甚至从某一心理表现推知将要出现的下一个心理表现的内容，同时分析预测学生的思想倾向，对于好的倾向要及时鼓励，对于坏的倾向则须防患于未然，及时采取措施使其向好的方面转化。通过观察学生的外部表现还可以了解自己的教学效果，以扬长避短，改进提高。同时还要善于观察学生存在的社会空间变化发展情况，这是影响学生的社会因素和家庭因素。当然对自身观察也是必要的，以使班主任言行符合教育管理学生的要求。

（2）较强的记忆力。班主任应该把学生各个方面的表现保留在自己的记忆中。比如通过学生的外部特征和个性特征来记住学生的名字，认识学生。在一个新班面前迅速、准确地叫出学生的名字，说出他们的爱好、特长，学生就会意识到班主任对自己的注意和重视，会倍感亲切。同学生一起参加有意义的活动或学生反映的个别情况，班主任能准确、清晰地记忆和再现出来，这样，就能在心理上征服学生，使学生感到班主任对自己的关注，觉得班主任可亲、可近、可敬、可信，达到师生思想交融、心灵相通。

（3）丰富的想象力和周密的思考力。班主任要有丰富的想象力。班主任的想象力是班主任开展创造性教育工作的重要智力条件，也是培养学生创造能力和创造性思维的重要智力条件。班主任要善于通过现象，深思熟虑，经过周密的分析、思考、综合、抽象、概括、推理，最后准确地抓住事物本质，做出判断，从而找出解决问题的办法，及时解决班级出现的各种问题。

班主任要善于组织、管理班集体，以期达到教育目的，要想做到这一点必须具备下述能力：

（1）鉴别评审能力。班主任要善于明辨是非，知人善任，要着眼于学生的积极方面，知其所长，用其所长，充分发挥其作用，同时要容学生之所短，帮其所短。评审手段要以表扬奖励为主，必要时辅以惩处，以有效地推动工作。

（2）沟通协调能力。班主任的沟通协调能力主要表现在：处理好学生德、智、体全面发展与因材施教的关系，师生关系、学校与家庭的关系，自己与学校领导的关系以及学生与家长的关系。要充分调动各方面的积极性，共同为完成学校的教育目标而努力。

（3）指挥组织能力。班主任能根据学校工作的性质、特点及其任务，从班级的实际情况出发，适时提出有感召力的口号，使学生能热烈响应教师号召，积极完成学习、劳动等各项任务；善于发动和动员学生积极参加各项活动，同时对每项活动都能做出妥善安排，并能及时拿出应变措施，这些都是班主任有指挥组织能力的表现。

班主任的教学能力主要表现在以下几个方面：

（1）较高的教学机智。班主任在课堂教学中组织教学的全过程，处于主导地位。但在课堂教学中，总有偶发问题，无论知识问题还是学生表现问题，班主任要随机应变，相机处理，这是较高教学机智、艺术的体现。

（2）较强的语言表达能力。不论在课堂教学中，还是与学生交往中的语言，具体应做到：准确规范，发音标准，言语符合语法，句子完整，修辞恰当，逻辑性强，简练通俗；教学语言简约而明达，以细微浅近之言阐明至善至美之理，能使人透彻理解；表达要情趣盎然，鲜明生动，抑扬顿挫，恰到好处，把学生思路带到"唯恐聆听之不周，不知铃声之既响"的境地。

（3）教学改革能力。教学改革的重点是能力的培养问题，那种传统的以传播知识为主的教学方法和思想受到了严峻的挑战。教师不再是只教学生单纯贮存知识，不仅是"教书"的，更重要的是指导学生学习方法的。班主任具备教学改革能力不仅可以提高教学效果，受到学生的尊重，在学生中树立起威信，还可以培养创造型、开拓型人才，更可以激发学生的求知欲和学习兴趣，这样对培养良好的班集体有重要作用。

4.作风修养

所谓作风修养就是指班主任在思想、工作和生活等方面努力、锻炼和所能达到的水平。班主任的作风对学生有着潜移默化的影响，它间接影响班主任的工作效能。良好的作风修养是取得学生信任、率领学生前进的法宝。

加强作风修养是班主任自身完善的需要，也是班主任职业劳动的需要。具体地，班主任的作风修养主要包含以下几个方面的内容。

（1）以身作则的作风。所谓以身作则，就是指班主任思想健康、品德端正、言行一致、处事公正、诚实谦虚、平易近人。一切培养学生做人的道理和要求，首先自己要弄懂做到，以自己的模范行为影响学生。当代的学生，生活在信息社会，接触社会早而且渠道多，但他们缺乏分辨是非的能力，思想很活跃，而认识又很模糊，这就要求班主任严格要求自己，处处以自己的好思想、好作风和模范行为去感召、去影响、去制约青少年的言行，充分发挥为人师表的作用。

（2）实事求是的作风。班主任实事求是的作风就是要一切从实际出发，脚踏实地地工作。对学生的教育要点点滴滴，循循善诱，认真负责，一丝不苟。不幻想一个早晨、一次教育，学生就成熟了，教育就成功了。对学生的每一个进步或错误，不夸大不缩小，班主任都应视其为教育工作的新起点。

（3）民主的作风。民主作风是班主任教育管理班级的行为表现。班主任组织、领导一个班集体，面对几十个活生生的人，要处理各种各样的事情。班主任要以民主的态度对待各种事情，平等待人，要善于倾听各类学生的意见。凡事要进行调查研究，不主观武断，不感情用事。

（4）密切联系学生的作风。班主任与学生相处的过程中，学生出于对教师的信赖和尊重，都渴望与教师接近，愿意向教师倾诉学习和生活中的感受，讲述见闻和趣事，甚至连心中的秘密和家庭中的琐事也愿意告诉老师。这时，老师就应该以平等的朋友身份接触学生，跟他们谈论有意义的生活趣事，讲述富有教育意义的故事，以及对一些事物的观点和认识，帮助他们解决生活、学习中遇到的各种问题，这样就会增进师生相互了解，产生心理相容的效果。

（5）自我批评的作风。班主任绝非完人，在和学生的频繁接触中，难免会在某些方面产生失误，言谈举止失当，乃至与学生发生正面冲突。这就要求班主任勇于自我剖析，善于自我反省，敢于自我批评。

5.品格修养

品格修养是指一个人在道德行为、品质性格等方面所进行的培养、锻炼和所能达到的水平。作为班主任，总是一边向学生传授科学文化知识，一边用自己的道德品质去塑造学生的心灵。因此，班主任占有知识多少，品格修养的高低，将决定着培养出来的学生的优劣。

根据班主任工作的特点和需要，对班主任的品格修养的要求是比较高的，具体的有以下几个方面。

（1）热爱学生，培养新苗。热爱学生是班主任做好教育工作的前提、起点和内在动力。热爱学生首先要在政治上、思想上关心他们的成长和进步，要提高他们的觉悟；热爱学生还要关心他们的学习情况，要因人而异，因材施教，对学生满腔热情，不厌其烦地进行教导；热爱学生不仅热爱优等生，而且要热爱后进生，要以极大的热情，关心爱护一时失足的学生，鼓励他们进步；班主任热爱学生，还表现在对学生的耐心教育和严格要求上。

（2）冷静多思，胸怀广阔。作为班主任，重要的是遇到问题要有冷静的态度、稳定的情绪，千万不能急躁，不能感情用事。要多想办法，从各个方面分析事情发生的原因，这样才能妥善地处理班级出现的各种问题。实践证明，凡是高明的班主任都不会被各种负面情绪所左右，他们在表现情绪时，显得很有分寸，有节制，有修养。班主任在严格要求学生的同时，还要以宽厚的心胸对待学生。要允许学生犯错误，学生犯了错误之后要耐心、细致地进行教育，不能抓住辫子不放，苛求学生，否则会使学生对老师敬而远之，望而生畏，久而久之，师生之间就会形成一道无法逾越的鸿沟。

（3）谦虚谨慎，互相帮助。班主任做事应谦虚，不狂妄自大，在班级教育管理上善于听取其他教师和学生的合理化建议；班主任和其他教师间能开展互相帮助，好事让给同志，难事留给自己，功劳让给别人，过失承担起来，这些推功揽过的优秀品格，对学生终身都会起到教育作用。

（4）坚忍不拔，耐心持久。对学生思想品德的教育过程是长期的、曲折的、反复的。班主任对学生思想上出现的反复，不能误认为是屡教不改，不可救药，而应该有信心，有耐心，不怕挫折，不怕失败，坚持不懈地对学生进行教育和帮助。做到反复抓，抓反复，使学生每反复一次，就受到一次教育，得到一次提高，取得一分进步。

第三节　班主任怎样树立威信

威信是指人们在社会生活的一定环境中彼此间交往，长期积累并逐步形成的在群众中的威望和被信赖的程度。班主任的威信是指能使学生信服而自愿接受其管理指令并做出预期反应的一种精神感召力量。

班主任长期和学生生活在一起，对学生施行教育的过程也是进行自我教育、自我锻炼、自我培养的过程。在这个过程中所留给学生的表象，逐步在学生中形成威信，构成师生间的亲切、敬仰、信服、威慑等感染力和向心力。

班主任的个人威信是有效地影响学生的重要因素，又是使学生接受教育的基础。它是一种强有力的教育手段，具有很大的教育感召力量，也是班主任取得良好教育效益的重要条件。不同的班主任使用同一种方法对学生进行教育管理，取得的效果相互间却有很大差别，这里往往有威信的作用。

班主任的威信又是一种维护集体、团结学生、促进学生全面发展的重要力量。它能使集体出色地完成各项活动任务，并取得良好的成绩。有威信的班主任常被学生看作是楷模和榜样。

威信是班主任能否很好地发挥作用的重要条件，又是班主任有效推动工作的基本前提。它不仅对于顺利进行工作是非常必要的，而且是实现管理作用的无形的潜在力量。班级教育管理实践证明：班主任作用发挥的程度与其在学生心目中的威信有直接关系。如果威信高，则工作事半功倍；如果威信低，则工作事倍功半。所以，自身威信的建立与作用是每一位班主任都十分重视的问题，也是一个需要认真探索的重要的班主任工作理论与实践的课题。

班主任的威信不是靠自己吹出来的，也不是靠权力压出来的，更不是靠上级领导树起来的，而是靠自己在教育管理的实践过程中逐步建立起来的。有威信的班主任，学生会主动地去接受他的教育与领导，班级工作的效率高，学生学习气氛浓厚；反之，没有威信的班主任，学生被动地接受他的教育与领导，班级工作的效率低，学生学习气氛淡薄。

班主任威信的形成，取决于诸多因素，但根本的是在工作中不断地完善自我，讲究科学性，用真诚来感化学生，相信时间不久，学生会被班主任老师的品德、修养、智慧以及认真负责的精神所折服，日久天长，威信必然形成。班主任威信一旦树立起来，它会有非凡的感召力。

班主任树立威信，应该坚持如下的原则。

以德树威：热爱教育，无私奉献，忠于职守，品德高尚；以身作则，为人师表，坚持原则，公平严明。

以能树威：远见卓识，人尽其才，身心发展，全面负责；一专多能，知识广博，勤于组织，精于管理。

以教树威：教书育人，言传身教，诲人不倦，因材施教；利用集体或个别教育，扬长补短，长善救失。

以艺树威：掌握规律，提高艺术，因势利导，科学育人；开展活动，丰富多彩，焕发活力，寓教于乐。

以实树威：实事求是，工作扎实，讲求实效，深入细致；持之以恒，坚持不懈，长期反复，坚定意志。

以法树威：健全制度，有章可循，强化管理，奖惩适宜；统筹兼顾，注意效益，职责分明，协调有序。

以群树威：建设班级，形成合力，依靠集体，共同教育；选拔骨干，重点培养，择贤任能，用其所长。

班主任在树立威信的过程中，必须遵循正确的价值取向。以下几点就是班主任在树立威信时必须坚持的。

1. 用渊博的知识征服学生

班主任在学生中的威信和感召力，是他在从事教育教学活动中显现的。大量事实证明，专业造诣较深的教师，总是一上课就博得学生的欢迎，赢得学生的信任，所以班主任首先必须完善自己的知识储备，争取做一个优秀的教师。

假如一个班主任孤陋寡闻，知识贫乏，教学内容陈旧，不能满足学生日益增长的求知欲望，这样的班主任不论怎样与学生搞好关系，也不会受学生的尊重。

2. 用榜样的力量引导学生

榜样的力量是无穷的。由于班主任工作的对象是广大青少年学生，他们的特点是可塑性大，模仿性强。他们的人生观、世界观、个人品质正处于形成阶段，班主任的言行、工作作风、性格、爱好等对学生都有影响。生活中的班主任怎样穿衣服，怎样与别人谈话，怎样对待朋友，怎样读书……都要给学生树立典范。

班主任在教育工作中，一切都应该以教育者的人格为依据。任何章程、纲领和管理机构，无论它们被设想得多么精巧，都不能代替人格在教育事业中的作用。因此，班主任必须为人师表，扮演好自己的角色，以良好的形象影响学生，要求学生做到的，自己应该首先做到，要言行一致，言而有信。

3. 用真挚的情感关心学生

热爱自己的学生，是班主任必须具备的基本素质。师爱是建立良好师生关系的基础。综观古今中外，优秀的教师在教育方法上可以千差万别、各有千秋，但有一点都是相同的，那就是对学生的爱。

即使班主任对学生进行批评，如果能让学生体会到那是一份真诚，出于善意，他就能理解老师，改变自己的行为；相反，如班主任老师缺乏真挚的情感，引起学生厌恶或反抗心理，即使你说的"金玉良言"，学生也会无动于衷。

班主任平时工作中，多给学生以爱心。一个善意的微笑，几句鼓励性的话语，一声祝福或一个问候，就能使学生倍感亲切与温暖，身体里的那股暖流就能迸发出一种内在的力量，那就是信任。

4. 用公正的态度对待学生

在学生的心目中，教师具有至高无上的权威。当一个班主任偏爱某个学生时，他会巧妙地为这个学生提供诸多便利。有时候，当受偏爱的学生犯了错误后，班主任甚至还进行包庇，大事化小，小事化了。有些班主任自以为手段高明，但实际上其他学生往往比班主任敏感百倍。试想哪个学生不渴望与教师亲近？哪个学生不渴望得到班主任的表扬？因此，学生格外留心班主任喜欢谁，不喜欢谁。一旦发现他偏爱某个同学，其他同学自然心理不会平衡，甚至极度悲观失望，谈何相信老师，相信班主任。即使被偏爱的学生，如果一旦识破老师的颇有用心，也不会感激你，甚至还会出现厌恶情绪。

第四节 班主任工作原则性与艺术性的统一

无论是修养的培养，还是威信的树立，班主任工作都必须讲究技巧与方法。班主任工作必须坚持基本的原则，唯有如此，才会让班主任工作不走样，坚持正确的道路走下去；同时，班主任工作也必须讲究艺术策略，离开了它，班主任工作也就无法取得应有的成效，无法实现对学生的培养目标。班主任工作对原则性与艺术性的追求，主要是由班主任的教育对象和自身职业性质的特殊性决定的。

班主任的工作对象是学生，具体包含有以下内涵。

1. 学生是一个能动体

教育的对象——学生不是静止的物，而是活的能动体。学生作为活的能动体，意味着学生具有发展自身的动力机能。学生不仅与其他生物一样能够通过对外界的摄取活动，使自己的机体得以保存和发展，更为重要的是，这种动力机能还表现为学生能够以人所特有的能动性，创造和满足自己的物质需要与精神需要，并用以发展自己的身心。

作为教育实践对象，学生不是消极被动地接受塑造和改造，而是能够意识到自己是被他人所塑造和改造的，从而有可能自觉地参与到教育过程中去，以一种与教师相重合的目的活动，共同完成教育的过程。

2. 学生是具有思想感情的个体

学生是有血有肉的活生生的人，有自己的思想感情，在班主任的心理，不仅会把学生作为一种认识对象,而且必然会与学生之间建立起其他心理系统,诸如情感、需要等的联系,而各种心理联系同时又必然是双向的,如班主任对学生产生某种感情,必然的学生对班主任也会有这种感情。

学生作为一个具有思想感情的个体,意味着他具有自身独立的人格,他有自己的需要、愿望和尊严,这一切都应当得到正当的满足和尊重,学生不同于其他的物可以听任摆布,屈从于人。

3. 学生具有独特的创造价值

人具有其独特的价值,这是因为人有能动的创造力。人有智慧,能劳动,具有创造价值物的积极作用。可以说,世间的一切有价值的东西,都是由人创造的,从这个意义上说,人是世界上最宝贵的。

处于学习阶段的学生虽然尚未进入创造价值的过程,但是通过教育却可以使他们对社会、对人类做出积极的贡献,甚至创造出伟大不朽的价值。人的这种特性也是与物完全不同的。在教育过程中应当珍视学生作为人的无与伦比的价值,不能任意损伤和残害他们。

4. 学生是一个完整的人

现实生活中的每个人都有其自然属性和社会属性,都存在着身体和心理等方面的发展,都是一个完整的人。但就以人为对象的某些社会实践来看,他们所面对的往往只是人的某一方面,如医生所面对的只是人的生理方面,艺术家所面对的只是人的精神方面。而教育工作作为一种培养人的社会实践活动,它所面对的人——学生,却是一个完整的人。

教育不仅要变化人的认识、情感、行为习惯等精神因素,也要变化人的身体、生理等因素;教育不仅要使学生在将来能承受社会现有的生产力,与自然作斗争,还必须使他们能够承受社会现有的社会关系,以适应社会生活;教育不仅要使所培养的学生具有推动社会发展的知识等精神力量,同时还要使他们具备相应的身体等物质基础。教育所要实现的是人的德、智、体、美、劳等全面发展。班主任对全班学生的全面发展负主要之责,必须把学生视为一个完整的人。而班主任职业性质的特殊性,是由于社会生产力的发展对教育事业提出了许多新的要求,进而要求教师必须形成完整的新型的知识结构和技能结构体系。教师不仅要有深厚的学科知识,还要比较完备地掌握心理科学和教育科学方面的知识,熟悉现代化的教学手段和新型的教育技术和技巧。世界上有各种各样的职业,教师这一职业仅仅掌握专业知识是不能胜任本职工作的。

教师，尤其是班主任需要健全的品质特征，这一点是绝大多数职业无法比拟的。有人通过调查研究，认为健全教师应具备下列品质：适应能力、仪表端庄、兴趣广泛、精细准确、和蔼可亲、合作互助、切实可靠、办事热心、语言流利、坚决果断、判断中肯、身心健康、诚实正直、刻苦耐劳、情操高尚、乐观旷达、整齐清洁、襟怀坦白、创造性思维、进取精神、敏捷守时、文雅风度、学者态度、自制能力、俭约简朴。

所有这些，一起决定了班主任工作不仅要有原则性，也要讲究艺术性。

班主任是教育方针、课程计划等各项教育任务的具体贯彻执行者。班主任工作既是中小学教育工作中的一种分工，又是社会上不可缺少的一个角色。无论是班主任工作的任务、职责，还是其所担负的工作分量，以及所起的作用，都可以说班主任是教师这一职业最完整和最充分的体现。可以确定的是，班主任工作中不坚持原则性，是根本无法完成教育的使命的。

而如果班主任工作一味讲求原则，靠强制和命令的方式去做工作，也是根本无法完成教书育人的目的的。班主任是塑造人类灵魂的工程师与设计师。中小学学生求知欲强，具有探求真理的强烈上进心，他们不满足于现状和某些问题已有的答案，不惧怕权威，所有这些都要求班主任开展工作要讲究艺术。

班主任工作艺术是班主任教育思想、教育能力、教育素养、教育风格和教育机智等方面素质的综合反映和体现。所谓班主任工作艺术，就是班主任在开展班级各项工作时，在遵循教育学、心理学和管理学等科学原理的基础上，准确把握学生生理、心理特点，充分发挥班主任的聪明才智，准确把握教育契机，讲究工作的技巧和灵活恰当的方法，积极而富有成效地开展班级工作。

班主任工作要想达到学生动其心、激其情、导其行的效果，就必须讲究原则性与艺术性的统一。班主任在开展班级各项工作过程中，既要坚持原则，为实现管理目标而努力，又要善于使用技巧，掌握教学育人的艺术。掌握了班主任工作的艺术，艺术性地展开工作，工作才能开展得有广度和深度。

第三章 班主任工作职责、内容与方法

第一节 班主任的工作职责

班主任作为一名教师,应当履行《教师法》第8条规定的义务:"(1)遵守宪法、法律和职业道德,为人师表;(2)贯彻国家的教育方针,遵守规章制度,执行学校的教学计划,履行教师聘约,完成教育教学工作任务;(3)对学生进行宪法所确定的基本原则的教育和爱国主义、民族团结的教育,法制教育以及思想品德、文化、科学技术教育,组织、带领学生开展有益的社会活动;(4)关心、爱护全体学生,尊重学生人格,促进学生在品德、智力、体质等方面全面发展;(5)制止有害于学生的行为或者其他侵犯学生合法权益的行为,批评和抵制有害于学生健康成长的现象;(6)不断提高思想政治觉悟和教育教学业务水平。"

作为班主任,又比一般教师有更多的工作职责和任务。2006年8月31日,教育部在出台的《全国中小学班主任培训计划》中这样界定班主任角色:"中小学班主任是中小学教师队伍的重要组成部分,是班级工作的组织者、班集体建设的指导者、中小学生健康成长的引领者,是中小学思想道德教育的骨干,是沟通家长和社区的桥梁,是实施素质教育的重要力量。"这些在上一章已做了具体分析。老教育家于北辰认为,"天下之主任多矣",而班主任则是"极重要、极普遍、极伟大的主任"。之所以这样说,就在于班主任对于学生成长的重要性。

一、小学班主任的职责任务

1. 按照《小学德育纲要》的要求,结合班级实际,对学生进行思想品德教育,着重培养学生良好的道德品质、学习习惯、劳动习惯和文明行为习惯。

2. 经常与任课教师取得联系，了解学生的学习情况，协同对学生进行学习目的教育，激发学习兴趣，培养刻苦学习的意志品质，教会学习方法，学好功课，并把握学生的课业负担量。

3. 关心学生的身心健康。教育学生坚持体育锻炼，注意保护视力，培养良好的卫生习惯。

4. 指导班委会和少先队工作。培养团结友爱、积极向上的班集体。做好学生的个别指导工作。

5. 指导学生参加劳动实践。关心学生的课余生活，支持并组织学生开展各种有益的课外活动。

6. 搞好班级的经常性管理工作。对学生进行常规训练，做好学生的品德评定和学籍管理工作。

7. 经常与学生家长保持联系，互通情况，取得家长的支持与配合，指导家长正确教育子女，注意争取社会力量教育学生。

二、中学班主任的职责任务

1. 向学生进行思想政治教育和道德教育，保护学生的身心健康，教育学生热爱社会主义祖国，逐步树立为人民服务的思想和为实现社会主义现代化而奋斗的志向，培养社会主义道德品质和良好的心理品质，遵守《中学生守则》和《中学生日常行为规范》。

2. 教育学生努力完成学习任务。会同各科教师教育、帮助学生明确学习目的，端正学习态度，掌握正确的学习方法，提高学习成绩。

3. 教育、指导学生参加学校规定的各种劳动，协助学校贯彻实施《体育卫生工作条例》，教育学生坚持体育锻炼，养成良好的劳动习惯、生活习惯和卫生习惯。

4. 关心学生课外生活。指导学生参加各种有益于身心健康的科技、文娱和社会活动，鼓励学生发展正当的兴趣和特长。

5. 进行班级的日常管理。建立班级常规，指导班委会和共青团组织工作，培养学生干部，提高学生的自理能力，把班级建设成为奋发向上、团结友爱的集体。

6. 负责联系和组织各科任课教师商讨本班的教育工作，互通情况，协调各种活动和课业负担。

7. 做好本班学生思想品德评定和有关奖励工作。

8. 联系本班学生家长，争取家长和社会有关方面配合，共同做好学生教育工作。

第二节　班主任的工作内容

一、品德教育，立班之本

品德是一个人安身立命的重要前提。品德教育工作非常重要，且要从小抓起。品德教育既需要各任课教师在"教书"中潜移默化、"藏而不露""润物细无声"式的"育人"，更需要班主任将这条红线贯穿于班级管理的各个环节之中。通过各种形式的教育活动，促进学生养成良好的思想品德和行为习惯。

我国历来有重视政治教育、思想教育、道德教育的良好传统。班主任应研究这方面教育的规律和经验，结合班级具体情况，进一步提高思想品德教育的针对性、实效性。

（一）德育内容

长期以来，德育内容比较抽象、空洞，以至于讲起来情绪激昂，听起来热血沸腾，听完了以后冷静一想，觉得高不可及，于是，几天之后便平静如水。其实，德育内容既要有一定的高度，更要脚踏实地。

一般来说，德育主要包括以下内容：

1. 价值观教育

这里所说的价值观，严格地讲是指"价值观念"，也就是指人们关于基本价值的立场、取向、态度等。

价值观实质上是一种内心尺度。它支配着人的行为、态度、信念等，支配着人认识世界、明白事物对自己的意义和自我了解、自我定向、自我设计等，也为人自认为正当的行为提供充足的理由。所以，作为班主任，首先应该帮助学生建立一个正确的、理性的价值观系统，以指导学生的健康发展。一般来讲，对学生的价值观系统的建构包括六个主要方面：理性价值观，表现为对知识和真理的认识和态度；审美价值观，表现为对色彩和形体的认识和态度；政治价值观，表现为对权力和地位的认识和态度；社会价值观，表现为对集体和他人的认识和态度；经济价值观，表现为对效率和收益的认识和态度；宗教价值观，表现为对信仰和追求的认识和态度。

2. 爱国主义教育

爱国主义是指热爱自己的祖国，为祖国的繁荣、富强、独立而献身的精神。爱国主义的内容十分丰富，主要包括民族自豪感和自信心、国家的独立和主权完整、民族团结和统一、国家的进步和富强等方面。因为这项教育的内容和方式方法各种教科书上都讲得很多，中小学教育教学实践中也予以了高度重视，这里就不做展开。

3. 集体主义教育

班主任必须时刻注意学生集体意识的培养，通过多种形式、多种途径对学生进行集体主义教育，帮助他们树立起集体主义观。苏联著名教育家马卡连柯提出了"平行影响"的教育思想，他认为，教师要影响个别学生，首先要去影响这个学生所在的班级，然后通过这个学生集体和教师一起去影响这个学生，这样就会产生巨大的教育力量。如果一个集体自由散漫、各行其是、不思上进，那么，要培养学生个体具有优良品质就是一件很困难的事情。

在集体主义教育中，要充分讲清三个方面的含义：树立集体意识，主要使学生明白集体的作用以及自身跟集体的关系；坚持集体利益为重，使学生明白集体利益与个人利益的关系，并正确处理二者的矛盾；正确处理集体和个人的辩证关系。

4. 民主与法制教育

民主政治是凭借公共权力和平地管理冲突，建立秩序，并实现平等、自由、人民主权等价值理念的方式和过程。民主政治是政治生活方式的高级形态，教育应该使学生从小感受民主政治、尊重民主政治、享受民主政治。

法制就是法律和制度，它包含两个方面：一是法律和制度本身，二是执行和遵守法律制度的行为。中小学在进行法制教育的时候，主要包括树立法制意识、学习法律常识、使用法律武器等三个方面的内容。

5. 伦理与道德教育

"伦"是指人们之间有条理的关系，"理"是指规律和规则，"伦理"表明的是社会规范的性质，而"道德"表明的却是生活本意的性质。道德问题是伦理学的根本性问题。

道德教育的主要内容：道德是调整人们之间以及个人与社会之间行为规范的总和。人们为了维护群体成员的共同利益、协调彼此关系产生的一些约定俗成、调节个人行为的准则。遵守这些准则，便称之为善，就会受到舆论的赞许或使个人感到心安理得；否则，便称之为恶，就会受到众人谴责或使个人感到内疚而力求改正。这些由舆论力量与人们的"良心"所支持的行为规范及其施行的总和，就是道德。对中小学生进行的道德教育应包括社会公德教育、职业道德教育、家庭美德教育三个方面的内容。

伦理教育的主要内容：传统伦理道德是以儒家伦理道德思想为主要内容，并包括墨家、道家、法家等伦理道德思想的精华。中国传统伦理道德源于礼，成于仁，归于理，以"忠、孝、节、义、礼、智、信"为准则，道德本位是"修身、齐家、治国、平天下"。

（二）德育方法

长期以来，我们总以为人是教会的，社会教育、学校教育、家庭教育莫不如此。在学校里，教师苦口婆心，磨破嘴皮子，唯恐讲得不够多。其实，人是教会的，又不全是教会的。德育除了"教"之外，还应多探索其他方式。

1. 觉悟

德育除了要"教"有关条目之外，重要的是要让学生去"悟"——感悟、觉悟、领悟、醒悟。只有当学生经过了自己的"悟"，经过内心的矛盾斗争，将外在的东西自觉地转化为自身的内在品质，德育才会产生实效。否则，你教得再多，对学生来讲，也始终是"外在于我"的东西，多又何益？很多时候过于教条式的灌输，反而会让学生产生厌烦情绪甚至逆反心理，效果会事与愿违。禅宗曾提出一个问题："若林中树倒时无人听见，会有声响吗？"答曰："没有。"树倒了，确实会产生声波，但除非有人感知到了，否则，就是没有声响。

2. 实践

应该加强德育的实践环节，让学生在一定的德育情境中去增强道德意识、道德情感。一味地口耳相传、简单地机械背诵是背诵不出高尚的品德的。当年，孔子主张既要"讲礼"，还要"演礼"，就是这个道理。否则，培养出来的学生很可能就是满口仁义道德，而实际品行却不高的"行动上的小矮人"。考虑到安全问题，现在连春游、秋游都基本上没有了，更不要讲别的活动，但我们可以退而求其次，通过创设某种教育情境，来增强学生的感性认识和道德体验。

3. 在"两难"情境中辨是非

德育不能只是由教师告诉学生什么是对的，什么是错的。如果这样，一旦离开教师的指导，学生就难以独立判断什么是真善美，什么是假恶丑。

这方面，可借鉴美国学者柯尔伯格的有关理论：让学生设想自己是一艘正在沉没的旅游船的船长，船上有200名乘客，现在只有100只救生圈，你必须果断做出决定，让谁先上救生圈逃生？让谁留下来活活等死？让学生设想自己是一个穷人，妻子得了重病，无钱医治。现正站在一家药店门口，该不该进去偷一服可以治病但自己根本就买不起的药？我国也有一个较典型的案例：某天早晨，几个下夜班的青年工人乘车回家，因为是在始发站上车，一个个都坐到了位子。车行了几站，在一个公园门口，上来了几位刚从里面晨练出来的老人，这时车上已没有位子了，他们便站在那几个下夜班的工人师傅旁边。问这个时候工人师傅该不该让座？通过设计类似这样的"两难"问题，引起学生内心激烈的矛盾冲突，然后，在教师的引导下，得出一个合乎真、善、美的判断。

二、班级文化，治班之魂

（一）丰富班级物质文化

班级的物质文化，其主要内容是通过对教室环境的布置，构造一种物态的文化环境。这个文化环境体现着一个班的精神风貌以及教育教学的主旨。作为一个班集体学习和受教育的基地——教室，应当是窗明几净、桌椅整洁有序、舒适、文明的学习环境。

苏霍姆林斯基极为重视让一切客体都发挥对学生主体的教育作用，他竭尽所能使学校的一切物质环境、器物、设施都能给学生以能动的有益的影响，用以培养他们的观点、信念和良好的习惯。他在总结这种实践时有一句名言，"我们在努力做到，使学校的墙壁也说话"，生动形象地体现他动员"物"的教育力量形成学生精神面貌的创造性经验。确实，有效地运用空间资源，创设具有教育性、开放性、丰富性的物质环境，对于陶冶学生的情操、激活学生的思维、融合师生的情感都有着积极的作用。

（二）规范班级制度文化

班级制度文化，是指党和政府有关方针、政策、法规、条例、指令等和社会主义道德观念、行为规范、是非标准等在班级日常工作、学习和生活中的具体体现，是班级全体成员共同认可并自觉遵守的行为准则。建立良好的班级制度文化，是班级文化建设的一项重要内容。

班主任要根据班级的具体情况，和全班同学一起制定班规班纪。学生自己制定或者主要依靠学生自己来制定规矩，有利于学生自觉遵守执行，也有利于培养学生的"自由之人格，独立之精神"。

1. 制定班级公约

建立班级公约是对班级每位学生的行为予以规范。例如：遵守学校各项制度，不迟到早退；爱护班级公共财产；认真做好值日工作，平时注意保持教室整洁；上课认真听讲，积极发言，创造活跃的课堂气氛；自主学习，自修课不讲话，不讨论；独立完成作业，不抄袭；诚信考试，不作弊；离开教室，随手关灯、门、窗；集体活动听从安排，积极参加，为班级争光，维护班级荣誉；尊敬师长，同学间和睦相处，共同发展；等等。

2. 制定岗位责任制

岗位责任制是对一定职务的职责予以规定。班主任可以和学生一起商定班长的职责、班委的职责、课代表的职责等。如班委的职责包括：本着为同学服务的原则，一切以集体利益为重，帮助同学做力所能及的事情；积极努力干好本职工作，敢于创新，不怕吃苦；多和同学交流、联系，班干部之间要互相支持与协作；注意提高自身素质，以身作则，起带头作用；等等。

3. 制定各种常规

班主任可以和学生一起制定一日常规、一周常规、每月常规、学期常规等。条目不宜过多，便于学生易记易做。

4. 制定其他制度

班主任还可根据需要制定其他制度，如考勤制度、班费管理制度等。

制定班级规章时应注意以下问题：

第一，班规要合法。制定的班规要符合教育法律法规，要符合学生身心成长规律。班规要体现以生为本，而不单纯是以管理方便为本，这是原则。

第二，突出精神风貌、价值观念、作风、态度等具有人文气息的内容，给制度以灵魂，使制度富于人性化。一个人性化的班级制度必须充分考虑到学生在成长和发展过程中的基本需求，必须体现出对班级中每一个学生的充分尊重。因此，班级制度中的每一项内容都应该在班主任的正确引导下由学生自己来制定，这样的制度由于考虑了大多数学生的发展需求而充满活力。

第三，立足于"疏"，而不是"堵"。最好不要动则"严禁""不许""不准"。

（三）培植班级精神文化

作为学校基本"细胞"的班级，在进行精神文化建设方面有着举足轻重的作用。可以说，每个班级学生的思想道德水平、学识谈吐、价值观、精神面貌等直接反映出该校的办学理念和班级管理理念，直接反映了精神文化建设的实际状况。所以，在精神文化建设中，班集体的作用是非常重要的。

三、常规管理，品质保障

（一）了解学生

了解学生包括对学生个体的了解和对学生群体的了解两部分。

对学生个体的了解包括个体的思想品德、学业情况、身体状况、心理素质、成长环境（家庭）等。了解学生个体就是要发现作为个体的学生的独特性。苏霍姆林斯基说："没有也不可能有抽象的学生。"每个学生都是具体、生动的，是有待于班主任去了解、去发现的。

对学生群体的了解包括对学生正式群体和非正式群体的了解。正式群体是班级正式的组织机构，如班委、小组等。非正式群体是非正式规定、自然形成的一种无形组织，一般有求知型、知己型、爱好型、好恶型等几种类型，它对学生的影响不可小视。每个非正式群体，都有一个"头头"，他们或以见多识广，或以能说会道，或以善解人意，或以仗义执言，或以哥们义气而得到群体成员的尊重。对他们，班主任应给予应有的尊重，创造宽松的气氛，加强接触，在沟通心灵的基础上，因势利导，通过他们去做非正式群体成员的思想工作，使自己的意图延伸与扩散开去，为广大学生所乐于接受。千万不要以为非正式群体就是"小帮派"，从而对他们加以"排斥""打压"，那样的话，结果很可能会适得其反。

了解学生一般采用如下六种方法：

1. 通过学生的介绍了解学生

巧写简历。这是迅速、直接地了解学生的好方法。很多学生都愿意向班主任介绍自己。比如，有的学生就直接将自己的"简介"拟题为"老师，请你听我说……""你想了解我吗"等，他们渴望被了解的程度可见一斑。

其中，表格上半部分供学生填写自然情况，下半部分的自我描述，要求学生用文学化的笔法描述自己的个性特征，这样的内容设计可以使班主任迅速地了解学生情况。有时，学生的自我描述还会反映出一些问题来。比如，有的学生写到家庭变故给自己带来的痛苦，那么这样的同学就需要班主任格外照顾。有的同学提到自己的视力不好，如果班主任在安排座位的时候做些合情合理的照顾，这位同学肯定会感激老师的。

介绍自己。这一方法适合于对学生已有初步了解，但是又急于有更深一层了解的时候。介绍自己可以有灵活多样的形式，比如个人演讲。

同桌互相介绍。并非每个人都能对自己有客观真实的评价，所以，还可借助他人的眼睛增加对自己的认识。在学生的日常学习和生活中，对自己的同桌了解得往往比较多，所以我们可以借助这一方法，进一步丰富我们对学生的了解。使用这一方法时要注意，内容上最好优、缺点并重，对于优点要说足，对于缺点也要善意地指出，以利于对方进步。

2. 观察、分析学生的行为

这是班主任了解学生最基本、最简便易行的方法。学生的行为常常是其心理和思想的外化。班主任每天走进教室就可以观察学生。通过细心的观察可以了解学生情绪的变化。当学生和教师产生思想共鸣的时候，学生的眼睛里就会充满机智的光芒；当学生遇到困难时就会情绪低落，沉默不语，眉头紧锁。班主任要能迅速、及时地捕捉学生瞬间的表情和行为的细微变化，并能透过学生行为的表象，分析出隐藏在行为背后的深层次的原因。

班主任在观察中要冷静、全面、客观，不要一叶障目，要从多个角度去观察，才能对学生有较为准确、完整的印象。在观察时，一要客观，要克服先入为主的"第一印象"，克服将观察对象的某种印象简单放大如"一好遮百丑"的"晕轮效应"，克服用固定看法去认识某一类人的"社会刻板印象"，还要克服"情绪效应"。二要全面，不要仅仅观察一个时间点、一个时间段，而要看到整个过程。

观察学生要做到全面性。

孔子当年率领弟子游说列国，来到陈国与蔡国之间，因兵荒马乱，旅途困顿，三餐以野菜果腹，大家已经多日没有吃一粒米饭。有一天，颜回好不容易要到一些米下锅煮饭。饭快熟的时候，孔子突然看到颜回把手伸到锅里，抓了一把饭放到嘴里吃了。孔子是一个很讲究的人，"长幼有序""割不正不食，席不正不坐"，看到这个情况，他很生气，但他装着没看见。

过了一会儿，饭完全烧好了。颜回盛了一碗饭，恭恭敬敬地递到孔子面前说："老师，您请用饭。"这时，孔子慢慢站起来，装着刚睡醒的样子说："我刚才做了一个梦，梦见我的父亲，如果这个饭干净的话，我想先用它祭奠一下我的父亲。"颜回马上摆摆手说："不行，不行，这个饭已经不干净了。"孔子问："为什么？"颜回回答说："刚才烧饭的时候，不小心掉了一些烟灰到锅里，我一看丢掉很可惜，就把它吃了。"

听到这里，孔子感到很内疚，错怪了学生。后来，他经常以此事告诫学生，不要孤立地看某一件事情，他说："我所相信的是我的眼睛，可是，有时候眼睛也不足以让我完全信赖。"

3. 在交谈中掌握学生的思想

有些东西是无法观察的，如学生的理想等。这些资料的获得须借助交谈。班主任要经常找学生谈话，通过交谈，把自己的想法告诉学生，也让学生多说，借以了解学生的所思所想、所感所悟，把握学生的思想脉络。交谈要注意技巧，如要讲究提问的技术、接引与追问技术，还要注意时间与场合的安排。

4. 在活动中发现学生的特长

班级活动是学生展现特长的平台，在活动中班主任可以发现学生的特长，在以后的班级管理工作中可以用其所长，让每个学生都能得到充分的发展。如让学生自己组织新年晚会，可以发现有音乐和表演方面特长的学生，在活动组织中，又可以发现有组织能力、协调能力的学生；运动会则可以发掘有运动天赋的学生。

5. 在家访时了解学生的成长背景

学生的行为方式总是会带有家庭的印记。家访是班主任了解学生成长背景的重要途径。在家访中班主任可以通过与家长的交流了解家长的教养方式、待人接物的方式、家庭环境等，这些对于把握学生的思想和行为是很有帮助的。

6. 个案研究

个案研究往往适用于对学生中"两极"的研究：一极是品学俱优的学生；一极是"问题"学生，如学业失败、品德不良、心理障碍、人格偏差等。班主任如果一个学期做1个个案研究，一学年2个，小学6年下来做12个特殊的个案，既能积累丰富的感性材料，又能有效地促进问题的解决，提高工作水平。个案研究的一般步骤为：确定问题性质；把握问题关键；了解问题背景；提出解决方案；付诸行动检验结果；形成最佳决策。

（二）组织和培养班集体

组织和培养班集体是班主任工作的中心环节。所谓班集体是由于目标一致、行动一致而结合起来的有一定组织纪律，有坚强核心和健康舆论，全面完成教育教学任务的群体。也就是说，只有那些具备共同的奋斗目标，良好的人际关系，健全的组织机构，正确的舆论，自觉的纪律，活动效果较好的班级，才能称为班集体，而那些组织纪律涣散、松弛的班级是不能称之为"班集体"的。

一个班的几十个学生，从刚组建的松散学生群体发展为一个优秀班集体，要经历五个发展阶段：班级松散群体阶段、组织班群体阶段、初级班集体阶段、成熟班集体阶段、优秀班集体阶段。班集体形成发展的五个阶段揭示了班集体形成发展过程中，班集体的目标认同、班集体的成员关系、组织结构状况、班集体的活动和影响力等方面在不同阶段的发展程度和水平，为我们展现了班集体的形成、发展、成熟的规律。

班主任要把握班集体建设的内在规律，针对不同阶段的班级和学生的实际情况不断地、适时地提出合理可行的教育要求和行为目标；要不断地抓好组织建设，对班级组织进行精心设计，包括要建立哪些专门组织、如何编组、如何配备班干部和团队干部等，以形成班集体的核心力量，通过适时的调整来健全组织机构；要围绕班集体的发展方向，组织内容丰富和有利于发挥学生才能的班级活动；要在班集体里不停地提出目标，并在目标形成的过程中形成班集体特有的行为规范和集体舆论。班主任要善于通过班级管理中的常规工作和各个环节，开展教育活动，把政治思想教育和组织管理有机结合起来，把组织纪律落实到学生的行动中去。班集体的有效管理，可以激发学生的内在需要和积极的自我锻炼、自我教育的行动，引导班集体健康地发展。

拓展阅读

班级座位编排的尝试及思考

座位编排是班主任最头疼的事情之一。2008年，我接手高一（1）班，萌生了一个想法，把座位编排权下放给学生，变老师"编"座位为学生"挑"座位。做法是：了解学生心目中"最不好的座位""最好的座位"，以月考为时间单位，每次考后一周内调整一次；第二次调整时，由坐在"最不好的座位"的同学优先选择，上次座位最优的本次最后挑。

我给学生强调两点：第一，座位不等于优差生的标志；第二，虽是自由选择，但同学们要互相照顾、谦让，如遇到视力、身高等问题，老师有一定的调整权。

经过实践，效果非常明显：第一，在学生心目中，座位的身份感下降了。以前，坐在哪里几乎是一种身份标志，现在不一样了，理论上说，一学期内可以坐遍教室的每个位置，这就去除了"神秘感"，坐到哪里都能心平气和地接受。第二，学生自主管理能力进一步提高。学生的每一次选择都是一次放弃的过程，这一次的最"好"，换下次的最"差"，所以就形成了一个动态平衡。第三，师生关系、同学关系都更加和谐。

（三）指导学生课外、校外活动和团队工作

根据学生的身心发展特点，班主任要多组织课外、校外活动。开展这些活动要做到事先有计划、预案，过程有指导、监控，事后有总结、反思。

（四）协调各方面的教育力量

1. 对内协调各科任课教师的工作

由于一个班各科任课教师的教育理念、学术素养、个性脾气、教育方法等不尽相同，可能会导致教育影响不一致的情况。为此，班主任必须对各科任课教师进行协调，要经常、主动地与各科任课教师联系，多向任课教师介绍班级情况，邀请他们经常参加班级活动，听取他们对搞好班级管理工作的意见和建议；要慎重处理学生与任课教师的关系，树立任课教师的威信；协调任课教师布置的作业量，调节各门学科的学习负担。

在这里，特别需要指出的是，对班主任也好，对各科任课教师也好，要认清一个重要问题，那就是教育人的工作是所有任课教师和班主任共同的事情，而不只是班主任的事情。任何把"育人"的职责全部推到班主任肩上的观念和做法都是有害的，新时期班主任要把自己与任课教师的教育影响力进行整合，形成"教师集体"的影响力，共同培养班集体，塑造学生完整人格，促进学生全面发展。

2. 对外协调学校、家庭、社会对学生的影响

教育是一个系统工程，单靠某一种教育力量是不够的，而必须做到学校、家庭、社会整体联动，形成合力。因此，班主任要积极协调各方面的力量和影响因素，成为沟通各方教育力量的重要纽带。

其中,"家校合作"的重要性是不言而喻的,它能保证学校、家庭两种教育力量的一致性。

（1）与学生家长沟通的渠道

主要有:家长会、家访、校访（家长主动访问学校）、电话联系、建立由学生负责传递的联系簿等,有条件的情况下还可通过电子邮件的方式。

（2）与学生家长沟通应注意的事项

第一,将普访、常访、重点访问结合起来。班主任的家访应该是普遍性的,尽管我们对情况特殊的学生,如家庭贫困生、品学"双差生"、父母离异生、身体残疾生、有心理障碍的学生、"留守学生"等,可以做重点访问、经常访问,但千万不能将家访理解为只对"问题"学生进行,是"问题学生"的"专利",更不能变成学生出了问题之后的"上门告状"。

第二,在与学生家长接触中,应以对学生的正面鼓励为主,多肯定,少责难。学生是成长中的人,难免会有这样那样的不足,这是正常的。人的社会化是终身的过程,就是我们成人也难免有犯错误的时候,何况学生？班主任应树立"理解学生,教在心灵"的观念,真正做到"为师不忘童年梦,常与学生心比心"。这样,我们就容易做到从发展的角度看待学生的"问题",不要一见到家长的面,就埋怨这,责备那,非要搞得家长灰头土脸不可。在与家长沟通的时候,要以正面肯定为主,充分捕捉学生身上的闪光点,即使对在校表现较差的学生,也要尽可能挖掘其优点,让家长对自己的孩子有信心。

第三,平等对待学生,也要平等地对待学生家长。现在一些班级,班主任实际上依成绩把学生分成了"三个世界"。我们很担心,这种划分会扩大化,会"株连"到学生家长身上,再者,也不能依学生"出身门第"而夹杂有丝毫的势利色彩,不能因为有些家长有权有势,可以为我们办点什么事,谋点什么利,就对他格外地殷勤；有些家长平民百姓一个,就另眼相看。

第四,掌握沟通艺术。学生家长有不同的类型,从学历层面讲,有高有低；从职位层面讲,有的是高官,有的是百姓；从职业构成来讲,更是多种多样,有工人、农民、干部、知识分子、下岗人员等；从性格来说,有的外向,有的内向。这就要求班主任善于与人沟通,掌握一套与人交往的艺术。

第五,善于倾听。与学生家长沟通,有时候要"大嘴巴",主动把学生在校情况向家长报告；有时候又要有"小嘴巴,大耳朵",认真、耐心地倾听家长的言说,听取家长的意见。倾听也是一门艺术，从你的认真倾听中，家长可以体会到你对他们的尊重，从而利于沟通的深入，而且从倾听中，我们可以了解家长的教育方式、教育态度、期望水平、价值观念等，从而诊断问题之所系，或发现成功之所在。

第六，有义务对学生家长进行教育方式方法等知识的辅导。教师是受过专业教育和训练的，而家长中有很大一部分没有接受过教育学、心理学知识，他们对子女的教育有一定的盲目性和随意性，班主任有责任对他们进行这方面的辅导，这也是提高培养人的工作质量的需要。

当班主任遭遇"问题"家长

班主任经常要跟各种各样的学生家长打交道，多数学生家长通情达理，但有时候也难免会遇到一些特例。

（1）暴力型

这类家长多是男性，当他们接到老师电话风风火火赶到学校，随之而来的就是一场"狂风暴雨"，他会一把揪住站在办公室里的学生，不问青红皂白，上来就抡巴掌。

面对这样的家长，班主任要"静"，要平心静气，和风细雨，千万不可火上浇油。最好在他气势汹汹进入办公室时先招呼他坐下，将学生安排到一边去，先跟家长谈，要先谈这个学生的优点，委婉地指出缺点、错误。

（2）懦弱型

此类家长文静得多，冷静得多。学生犯了错误，老师将他请过来，可是他一言不发，有时刚说两句就被孩子的一句话顶得无话可说，弄到最后不了了之，不但没达到教育学生的效果，反而助长了"问题"学生的气焰。

这类家长，请他们过来后最好不要让学生在场，只是老师与家长交流，你可以向他咨询学生的一些特点和习性，告知他解决办法，让他做好配合工作。事后，要及时告知他们学生的进步，和他们探讨教育学生的方式方法，帮助他们建立信心。同时，要教育学生孝敬父母、尊重父母。

（3）唠叨型

此类家长以女性居多，他们往往是主动与老师联系，会不请自到，到了就不走，坐在你办公桌旁娓娓道来，很多时候，你已经暗示下一节有课，可她就是无法领会。此类家长是绝对信任老师的，甚至将家底都倾诉给你，把学生满月时的情景都说给你听。

面对这类家长，班主任要热情接待，要理解家长的苦心。你确实有事，可以如实跟他们说明。同时，要提高谈话技巧，尽可能地引导他们说有价值的内容，而不是单调地重复。

（4）护短型

父母肯定都爱自己的孩子，但大多数人都明白，在学生犯了错误尤其是与其他学生出现矛盾时，哪怕是出于礼貌，也会先说说自己的孩子。可这类家长不会，他们会将矛头全部指向别人，甚至是老师。

班主任不要与这类学生家长发生正面冲突而激化矛盾，但也绝不能息事宁人，一定要把是非弄清，还公道于所有人。要巧妙地暗示家长不要一味护短。

（5）"甩包袱"型

这类家长的孩子绝大部分都是老"油条"了，正因为孩子太"油"了，家长心有余而力不足，所以他们选择了逃避，选择了"甩包袱"。

作为班主任，不能因此而怪罪家长，必须理解这些家长，他们之所以会这样，绝大多数是因为他们心里对自己孩子已经悲观绝望了。针对这种情况，必须重新燃起他们的希望，对这些孩子要更多地采取鼓励式教育，寻找他的闪光点，通过家校通等途径传递给家长，让他们感觉到孩子的进步，感觉到自己的孩子并非无药可救，从而让他们重新树立信心。

（6）傲慢无礼型

这类家长不多，但也不是没有。他们中有的喜欢给老师提意见，但他们不先了解情况，或只是听了孩子的一面之词，就打了电话指责老师。

面对这类家长，班主任一定要慎重对待，首先要"忍"，他缺少礼貌，老师要有礼貌，可以主动地打电话给他，客气地与他交流学生的情况，这样多交流几次，相信他下次给你打电话时绝不会因为生疏而没有礼貌了。其次，要耐心向他们解释清楚学校的规章制度、事情的前后经过。

（五）建立学生档案

班主任在全面了解学生的基础上，对掌握的材料进行分析处理，并将整理结果分类存放起来，即建立学生的档案。

建立学生档案一般分四个环节：收集—整理—鉴定—保管。

学生档案分集体档案和个体档案两种：

集体档案是指班主任将全班学生在各阶段各方面的表现、班级的历史、活动情况等记录下来，整理存档，包括学籍册、招生报考花名册、证书会考表册、毕业证书发放登记表、升学去向登记表、获奖情况登记表、学生流动名册、学籍变动名册、考试异常情况记录、纪律、卫生、考勤和日常行为规范登记表等。

个体档案是指将学生个体在德、智、体、美等方面的表现和发展动态收集起来，整理存档，包括学生本人简历、自我鉴定、学期成绩、学年评语、健康、奖惩情况附件等。学生档案中最常见的是学生个人档案。

学生档案的内容主要有文字表述式和表格调查式两种。从形式上讲，除传统的纸质档案外，还应建立电子档案，运用有关软件，将学生档案分为"学生资料""班级事务""班级文献""学生成绩""课程教案""我的记录"等几个模块，分门别类，易存易取。

学生档案虽然是班主任帮助建立的，但它依然属于学生本人所有，学生有权使用自己的档案，包括毕业、升学后调走档案。

学生档案中有涉及学生个人隐私或不愿意公开的信息，班主任有责任替学生保密。

（六）班会活动

班会是班主任进行教育活动的重要形式，是培养优良班集体的重要方法，也是养成学生活动能力的基本途径。

（七）操行评定

操行评定是指以教育目的为指导思想，以"学生守则"为基本依据，对学生一个学年（或学期）内品行、学习、劳动、体育锻炼等方面的小结与评价。小学低年级的操行评定一般由班主任来做，到高年级可以先由学生小组讨论，然后由班主任写出评语。写评语的工作不能交给学生。

操行评定的目的在于通过肯定优点，找出缺点，指出努力的方向，鼓励学生奋发向上，积极上进；帮助家长全面了解子女在校情况，以便与教师密切配合，共同教育学生；帮助班主任总结工作经验，找出问题，改进工作。

操行评定的一般步骤是：学生自评，小组评议，班主任评价，信息反馈。

班主任怎样给学生写评语

评语是一种教育手段，一份好的评语，应该能反映学生的个性特点，充分肯定学生，鼓励学生，又能适当指出缺点，既使学生能正确认识自己，明确今后努力的方向，体会到班主任评语的用意，又能使家长了解到子女的情况，有效地配合学校。

（1）平时要注意积累、收集学生的个人素材

细心观察，并兼听各方面意见，尽量使素材充实丰富，全面中肯。可向任课老师了解学生情况，也可让学生先自我评价，再让班委评价，充实素材。有时候，也不妨让每个学生写2—3个他最熟悉的同学的评语，学生的兴趣浓，积极性高，反馈过来的情况可以充实素材。

（2）写作评语时，宜用"你—我"的温馨式的评语

传统评语常用的"该生"如何如何，应该淘汰，因为"该生"面对的是家长，而不是面向学生，语气冷漠，面孔冷峻，不易让人接近，忽视了评语对学生的教育作用。而用"你—我"的温馨式的评语，宛如与学生促膝谈心，一下子缩短了师生间的距离，使学生充分体会到教师的关爱和尊重。

（3）评语要能反映出学生的个性特点

传统评语的通病是空泛而雷同，千篇一律，没有个性，如："该生热爱祖国，尊敬师长，热爱集体，团结同学，礼貌待人……但上课听讲尚欠专心……希望今后改正缺点，更上一层楼。"

如对一位各方面优秀但偶尔不佳的学生的评语："你活泼开朗、充满热情、积极向上。你在学习上取得的成绩令同学们羡慕，你为班级工作做出的努力使班级赢得了荣誉，可你在课上的闲话却令我为难，在我的意识中，一个好学生不该出现如此的问题，你说对吗？"这样的评语写出了学生的闪光点，同时，又能指出该生自身存在的缺点，不会伤害他的自尊心，具有一定的教育效果。

（4）评语要以鼓励肯定为主，发挥激励功能

如果把一个学生写得一无是处，不要说学生接受不了，就是家长也接受不了，这样的评语只会加深教师与学生之间的隔阂。一份好的评语对学生的发展和所取得的成绩要表示认同，同时将学生的缺点通过语言的隐含信息折射出来，这样学生就更易接受教师的教育，形成健康的自我认识，更好地把握自己未来的发展。

（5）评语中可以赠送警句、格言，或可融进对人生哲理的思考

格言，是人类智慧库中的瑰宝。评语中赠送警句、格言，或融进对人生哲理的思考，追求了评语的美育功能，含蓄隽永，耐人寻味。

写评语是一件十分繁重复杂但又很有意义的工作。评语不仅仅是评价学生，

它作为一面镜子无声地折射出对班主任工作的评价，反映出一个班主任的学识、素质和师德。所以班主任应不断更新教育思想、教育观念，力争使写出的评语产生最佳的教育效果。

激励性评语也应慎用

有些教师极端化地理解"皮格马利翁效应"，写评语时，尽量把每一位学生表述得完美无缺，力求表现出"人人都已成才"。如对学生的评价总是"你很棒""你是一个十分出色的学生""你非常优秀，令人羡慕"等，连"比较"二字都不敢使用，对学生的缺点和错误很少提及，充其量是用模棱两可的话一笔带过。这些教师认为只要评语把学生说得非常完美，学生就会被激励得非常完美。殊不知对学生的错误直接或间接指出，虽然学生可能不高兴，但可以起到"良药苦口利于病"的作用。

不少评语不仅对学生的主要不足和缺点有意掩饰，而且对优点和成绩极端赏识，加以夸大。由于中小学生尤其是小学生的判断、辨别能力较弱，常常盲目崇拜老师，对老师的表扬、赏识极易满足和陶醉，很难一分为二地看待，甚至会对老师夸大、渲染自己仅做初步努力取得的些微成绩和有意掩饰自己缺点的评语，沾沾自喜，自以为是，骄傲自满，故步自封，不求进取。

任何一种教育手段都不是万能的。没有批评的过度赏识是片面的，也是虚伪的、脆弱的、不负责任的。赏识应以实事求是、是非分明为原则，因人、因事、因时给予恰如其分的赏识。对学生的激励不应只有赏识表扬，还应有针对性地采用灵活的激励方法。

（八）班主任工作计划与总结

1. 班主任工作计划

班主任工作计划一般分为学期计划、月（或周）计划、单项活动计划。

学期计划比较完整，一般包括三部分：一是基本情况。如班级基本情况分析、班级工作的指导思想、目标要求等，写法上要言简意赅。二是班级工作的任务（内容）和措施、方法。这是整个计划的主干。三是主要活动与安排。这部分是把计划中的工作和活动按月、周加以明确。

2. 班主任工作总结

班主任工作总结，是对班主任工作过程、状况和结果做出全面的评估，进行量的估计和质的评议。这种总结一般分全面总结和专题总结两类，全面总结应反映全班学生德智体美诸方面发展变化的具体情况，专题总结是就班级中某一方面的发展变化、成绩和问题进行的总结。

总结通常在学期末或学年末进行。做好总结应注意两点：平时注意对班主任工作资料的积累，注意做阶段性小结。

班主任工作总结在写法上要注意几个基本要求：一要实事求是。对成绩要充分肯定，以增强全班学生的信心，但不要过分地渲染；对存在的问题既不回避，也不夸大，要认真分析问题的深层原因，找到解决问题的途径。二要突出重点。总结要写的东西很多，但不可眉毛胡子一把抓，要抓住重点和特色，写出个性化的东西。三要生动具体。总结要建立在对工作中典型事例的表述基础上，以具体事例和数据充实总结的内容，千万不要讲空话、套话和大话。总结的语言要质朴，不要刻意追求词语的华丽。

班主任工作总结的写作技巧有：一是从检查计划入手写总结。班主任工作总结实际上是对工作目标计划执行情况的检查。因此，在总结之前，应对照计划中的各项目标，逐一进行反思，看看当初确定的任务是否达成，在多大程度上达成。二是从总结经验入手写总结。总结要想对今后的工作起到启发作用，就必须重视总结工作经验。实际工作中的经验，在总结前仅仅属于感性认识，只有当其总结升华到理性层面，才具有经验性的价值。三是从查找问题入手写总结。发现问题找不足是班主任工作总结的最可贵之处，班主任要善于从工作中查找问题，分析原因，寻找避免同样或类似问题发生的途径和方法。四是从发现规律入手写总结。班级工作总结不是实践材料的简单堆积，也不是工作过程的简单描述，而是对实际工作由感性到理性的认识过程，是思想的升华，是理论的深化，是规律的探索性总结。

班主任工作总结的正文可分为导言、主体、结尾三部分，主要内容包括：基本情况，成绩收获，缺点问题，经验体会，努力方向。

四、学业指导，管理要务

学生的主要任务是学习。为引导学生学好功课，提高学习成绩和学习质量，班主任应该加强对学生学习的指导。这项工作主要包括下面九个方面的内容：

（一）明确学习目的

学习目的是学生进行学习活动所期望达到的结果。学习目的教育主要包括：培养学生为祖国富强、个人发展而学习的理想和抱负；根据学生自身实际情况确立不同层次的学习目标。

（二）激发学习动机

学习动机是影响学生学习活动的重要因素，它不仅影响学习的发生，还影响学习的进程和学习的结果。因此，培养和激发学生的学习动机成为人们日益关注的问题。

激发学生的学习动机可从如下方面进行：向学生提出具体而明确的学习目标；注意教师自身教学内容和方法的新颖性；创设学习问题的情境，启发学生思维；适当地开展学习竞赛活动；利用学生已有学习成果的反馈作用，对学生的学习进行正确评价；等等。

（三）端正学习态度

班主任要在教育学生明确学习目的的基础上，帮助学生树立严肃认真、一丝不苟、勤奋好学、踏实求精、刻苦钻研、勤于思考的学习态度。

（四）培养学习兴趣

学习兴趣是学生对学习活动或学习对象的一种需求认识或趋近的倾向。培养学生的学习兴趣，应该做到以下工作：采用适合学生特点的学习方法吸引学生；指导学生参加课外活动，并使其有所收获；培养广泛兴趣等。

（五）制订学习计划

制订学习计划可以减少学习上的盲目性，提高自觉性、主动性和积极性，养成良好的学习习惯。班主任指导学生制订学习计划，应做好以下工作：增强学生学习上的计划意识；对学生的计划决策进行指导；帮助学生不断总结检查学习计划的执行情况。

（六）掌握学习方法

学习方法是指学生在学习过程中采用的手段和方式。学习方法是否科学，直接影响着学习效果。在对学生学习方法的指导上，教师应该注意：其一，指导学生自觉按照学习进程的基本环节进行学习。学生的学习过程由预习、听课、复习、作业和系统小结五个基本环节组成。其二，指导学生合理安排学习时间，科学用脑，养成良好的学习习惯。其三，引导学生根据学科特点以及自身的学习状况，采取相应的学习方法。

（七）培养自学能力

学生的自学能力是在教师的指导下，在自学活动中形成的独立学习、独立探索、独立获取知识、独立更新知识的最基本的能力。班主任应从学生实际出发，因人而异，引导学生掌握学习活动的特点和规律；结合教学内容传授学习方法；指导学生私自交流学习经验；等等。

（八）培养反思习惯

反思是在教师指导下自主活动的过程，它以学生追求自身学习的合理性为动力，进行主动的、自觉的、积极的探究。学生通过反思有关问题及解决问题的思维活动，可以深化对问题的理解，优化思维过程，认识问题本质，沟通知识间的联系，促进知识的同化迁移。

（九）进行升学指导

升学指导也是学习指导，但主要是对高年级学生的指导。升学考试前教育学生树立理想，正确对待升学，指导学生全面系统复习；升学考试时指导和帮助学生了解报考门类专业知识、考场知识、考试心理调适等；升学考试后针对录取学生和落榜学生情况，进行升学志愿填写、人生规划以及考试失意后的心理调节等。

总之，班主任要通过集体教育和个别指导的方式，使学生明确学习目的，浓厚学习兴趣，掌握学习方法。尤其重要的是，要使学生从小养成良好的学习习惯。比如，"当日事当日毕"，不要"明日复明日"，把今天的学习任务拖到明天；独立思考，独立完成作业，抄别人的作业虽然图得了一时之轻快，却最终是害了自己；有问题要敢于向老师请教、与同学交流，及时化解，不要不懂装懂，自欺欺人，以致问题像"滚雪球"一样越滚越大，越积越多。

第三节 班主任的工作方法

一、与生相处，若即若离

（一）树立良好的第一印象

对班主任来说，学生是否接受你的教育以及在多大程度上接受你的教育，取决于诸多因素，但学生在前期对教师形成的印象定式往往发挥着重要作用，有人将其称为"第一印象效应"。

第一印象，说到底是人的知觉因素与情感因素结合的产物，其基本特征表现在：第一印象的形成，观念的引入起着极为关键的作用，因此具有先验性；第一印象会使人根据他的外部特征来解释和推论他的内心状态，因此具有较强的归因性；第一印象一旦形成就会产生一种成见效应，由此形成心理惰性；第一印象具有定型效应，它不容易改变。

班主任应当给学生怎样的第一印象？

1. 给学生以亲切感

班主任与学生初次见面应使学生感到亲切，亲切可以促使学生内心产生积极愉快的情绪反应，促使师生之间在感情上、心理上更接近。有经验的班主任非常注意"润色"自己的外在行为，注意调动所有的情绪"细胞"，有意识地给学生一个美好的形象，使学生感到班主任可亲、可爱，相信他们的班主任是可以亲近的人，并且立刻就想接近他。

班主任的亲切感适宜于中小学各个年级的学生。比如，对于低年级的学生，班主任只要朝他们微微一笑，他们就会感到高兴。做初中学生的班主任，要尽量放松自己的情绪，频频关注学生的眼神，要特别强调激情的动力作用，给学生以深深的感染。做高中学生的班主任，要在第一印象中努力营造宽松、自然的氛围。当然，学生不是期待班主任油腔滑调的调侃，而是期待质朴坦诚的亲切与自然。

2. 给学生以敬重感

让人敬重是获得威信的先决条件。班主任的威信是自己的品质、人格、能力、学识、教育艺术等各方面在学生心理上的反映。班主任的权威不是用来驱赶学生的警棍，而是乐队的指挥棒，能指挥学生奏起和谐的乐章。

班主任如何使学生产生对自己的敬重感？一方面，端庄的仪表、优雅的风度是非常必要的；另一方面，自然的谈吐、恰当的举止也能唤起学生的敬慕。总之，班主任给学生的第一印象应透出如下信息：班主任是可以信赖和依靠的；班主任是良师益友；班主任的要求能够迅速转化为学生的需要。

3.给学生做榜样

班主任的榜样作用离不开以身作则。以身作则是一种可能影响学生一生的"布白"艺术，使美好的印象在学生的头脑中永驻，从而产生积极的内心体验，形成正确的态度，并付诸行动。

（二）与学生良好地沟通

班主任在班级管理中需要摸准学生的思想动态。对学生进行教育时不能生硬地说教，而应讲究沟通艺术，晓之以理，动之以情。班主任通过语言交流了解学生看问题的观点和视角，在教育引导上往往能起到画龙点睛的作用。在师生沟通中，首先要倾听学生的表述，表情要专注，这是沟通的第一步——使学生产生信任感，拉近师生情感上的距离。沟通的第二步，要营造平和的气氛，这就需要师生以正常的心理状态进入各自的角色。

与学生聊天前，必须对学生有大致了解，并想好突破口和谈话提纲，避免冷场。由于学生个性和情况千差万别，所以跟每个学生聊天、跟同一个学生的每次聊天都会有所不同。班主任抛出的问题，可能得到千差万别的答案，这时应该顺着学生的回答一步步追问。有的学生也会主动提出话题，倾诉疑惑和苦恼，老师应该耐心倾听，因为他们只是需要一个听众，倾诉本身也是一种心理发泄和治疗。另外，有些聊天是长期和艰巨的，对有问题的学生应该长期跟踪，及时帮助，即使一时成效不明显，只要学生在某些问题上能得到帮助，就是一种成功。

沟通的具体做法又因人而异。对性格外向、活泼、心直口快的学生可采用单刀直入的交流方式，准确指出问题所在。对性格内向、语言交流能力差的学生则要动脑筋为他们创造沟通的环境及条件，可采用口头沟通与书面沟通的综合方式。

（三）把握好师生平等的度

承认师生是平等的，而不是居高临下地面对学生，这基本上已经成为教育工作者的共识。但是，师生之间的平等并不意味着自己全部的、真实的暴露，不等于在学生面前无所顾忌、完全迁就学生。从学生的角度看，学生对教师没大没小，甚至称兄道弟，也不是真正意义上的师生平等。

在对学生的教育过程中，教师与学生完全没有距离，有时候就难以产生权威和威信。这方面，"刺猬定律"值得我们思考：两只困倦的刺猬，由于寒冷而挤在一起，可是，每个刺猬身上都有刺，以致刺得对方怎么也睡不着。它们不得不分开，可是，又冷得受不了，于是又凑到一起。几经折腾，两只刺猬终于找到了一个合适的距离，既能互相获得对方的体温又不至于被对方的刺扎到。这个定律告诉我们，过于亲密就会伤害到彼此，而过于疏远又得不到对方的温暖，只有保持最佳的距离，才能既得到对方的温暖，彼此又不会受到伤害。

有学生这样说："我喜欢有距离的爱。我觉得好的班主任应该是站出来有种威严感，但是和他接触，也能说得来。"应该说，学生的这个话是有道理的，与学生走得太近，很容易为学生所伤。学生一旦觉得与班主任很熟，就会认为："自己犯点错误也没关系，既然'老班'是我好朋友，那么他一定会给我面子，不会在班上出我的丑。"

班主任与学生之间，开始时应保持一定的距离，相互适应之后再做进一步的交流。平等并不简单地表现为起点的平等，而是最终结果的平等，是一种沟通意义上的平等。

通过对班主任与学生相处的经历的分析，可以发现有的师生交往经历了这样的"六步曲"：

学生很"怕"我，因为我很严厉，会提出各种严格的要求；

学生有"一点喜欢"我，因为我通情达理，以理服人；

学生能"接近"我，因为我给过他们帮助；

学生"服"我，因为我对学生提出适度的要求；

学生犯错会主动找我，因为他们知道我的眼中不能有沙子；

我是"学生的朋友"，会分担他们在学习上、生活上、感情上的很多问题。

二、宽严适度，过犹不及

赞可夫说："不能把教师对学生的爱，仅仅设想为用慈祥的、关注的态度对待他们。这种态度当然是需要的。但是对学生的爱,首先应当表现在教师毫无保留地贡献出自己的精力、才能和知识,以便在对自己学生的教学和教育上,在他们的精神成长上取得最好的成果。因此,教师对学生的爱应当同合理的严格要求相结合。"马卡连柯说:"我的基本原则……永远是尽量多地要求一个人,同时也要尽可能多地尊重他。""实在说,在我们的辩证法里,这两者是一个东西。"

爱与严是相辅相成的,严与慈应该是辩证统一的。一方面,教师的严格必须以爱为基础,不能让它变成那种让学生感到害怕、敬而远之的"严厉";另一方面,严格又必须对爱有所限制,它要求教师不能完全感情用事,不能对学生溺爱和放纵,从本质上说,严格要求本身就是一种对学生充满责任感和理智感的无比深沉的爱。

第四章 班主任工作中了解和研究学生的方法

全面正确地了解和研究学生,既是班主任开展工作的前提,也是教育学生的基础。现代班主任只有掌握了了解和研究学生的策略,才能真正把握学生的特点和成长规律,有的放矢地对学生进行教育;才能提高班主任工作的实效性,有效地促进学生的全面发展。

第一节 了解和研究学生的意义

班主任担负着全面教育、培养学生的任务,经常及时、全面地了解学生、研究学生,对于有针对性地对学生进行教育、科学地制定班级计划、有效地开展班级活动、实现学校的教育目标等都具有重要的现实意义。

一、了解和研究学生是班主任开展工作的前提

能否全面地了解和研究学生,直接关系到班主任工作的成败,影响着班级工作的成效。因此,班主任只有深入了解和研究学生,才能有效地开展班级工作。班主任在制定和实施工作计划的过程中,需要从学生的实际状况出发,分层次、分阶段地确定目标,让每一个学生都找到适合自己的目标并为实现目标而不断努力。教育学生,需要全面了解和研究学生,只有对学生的学习、生活、思想、个性等都了如指掌,才能"对症下药",富有成效。班集体的建设与形成、班级各项活动的开展以及各种教育力量的协调和整合,都离不开对学生的了解和研究。因此,全面了解和研究学生,是班主任做好工作的前提,也是避免工作中的盲目性、主观性和一般化、简单化的有效途径。

二、了解和研究学生是教育学生的基础

《学记》里讲："知其心，然后能救其失也。"苏霍姆林斯基说："教育——这首先就是人学。不了解学生，不了解他的智力发展，他的思维、兴趣、爱好、才能、禀赋、倾向，就谈不上教育。"古今中外的教育家都十分明确地提出，要想教育学生，必须首先了解学生。只有做到从总体上、个性上、变化发展上以及可能出现的影响上全面了解学生，对学生的教育培养，才能做到心中有数，从实际出发，从而有针对性地采取各种不同的教育方法，真正做到因材施教；也才能既把握住学生"现在"的表现，又可发掘学生潜在的条件和动力，预测"将来"发展方向，具有明确的目标性。这样的教育，才能取得良好的效果，使每个学生都走向成功。

三、了解和研究学生是建设班集体的重要条件

要组建一个良好的班集体，班主任首先必须全面深入了解班级学生的整体状况和每个学生的基本情况，根据调查研究的实际情况，明确班级工作目标，制定班级工作计划，选拔班团干部，组建班集体核心，开展班级的学习、教育、文体等活动。良好的班集体可以把全班学生团结凝聚在一起，使每个学生在集体中获得全面的发展。

四、了解和研究学生有助于良好师生关系的建立

良好的新型师生关系是班主任教育学生的基础，只有建立起相互尊重、相互关心的师生关系，班主任工作才具备了良好的情感基础。从一定意义上讲，班主任的工作过程就是在教育、教学、劳动、社会实践等活动中与学生密切交往，是双向情感互动的过程。班主任工作的目标也是在与学生的交往活动中实现的。

第二节 了解和研究学生的原则

一、了解和研究学生的原则

（一）全面性原则

了解学生必须力求全面，只有全面才能对学生的发展水平做出准确的判断，才能在制订班主任工作计划、选择教育方法时有正确的依据，才能真正做到"因"其"材"而"施教"。

全面了解学生要注意以下几个方面：

1. 对象的全面性。了解的对象必须是全班所有的学生。要对各种类型的学生进行全面的了解，并做到实事求是，不偏听偏信。

2. 内容的全面性。全面性还包括学生情况的各方面，即根据教育目标和班主任的期望，对学生德、智、体、美、劳及心理都进行认真、仔细和全面的了解。只有全面，才能防止以偏概全，才能防止一种现象掩盖另一种现象，才能使班主任的教育引导做到有的放矢，促进学生素质的可持续发展。

3. 影响源的全面性。学生的成长与其所处的环境有直接关系，对此必须做全面的了解。如学生家庭环境情况、父母和家庭关系密切的亲属受教育情况，其对学生教育的态度、家庭教育的类型（民主性、溺爱型、专制型……）、家庭的经济状况，以及学生家庭所处的社区环境的状况。全面了解和研究这些情况，有利于班主任利用家庭和社区的积极因素克服消极因素；有利于有针对性地指导家庭教育；有利于对不同家庭的学生进行相应的帮助。

4. 学段的全面性。学生的全面发展是持续的，从小学到初中、高中，每个学段的情况都在班主任了解的范围。不仅要了解学生过去的表现，更要了解他们近期的表现。如对新生（初一、高一）的了解，既要了解学生在小学、初中时表现，更要关注他们进入初中或高中时的表现。只有这样才能做好中小学或高初中的衔接，以发展的眼光对学生进行教育。

(二）及时性原则

从了解和研究的时间要求来看，应该具有及时性。班主任一般在接手班级工作的时候，必须尽快了解和研究班级和学生的基本情况，进行及时的分析，尽早提出班级工作的计划和设想；无论对一个班集体还是个体的学生，处于不同的发展阶段，或者出现了一些问题时，班主任要尽快了解和掌握情况，尽快发现问题的苗头，达到防微杜渐。

(三）经常性原则

了解学生是贯穿班主任工作始终的一项重要工作。之所以要坚持经常性，有以下原因：首先，学生的发展是动态的，他们各方面的情况都在随着年龄、年级的变化而变化，生理的、心理及由于生理和心理的变化会引起德、智、体及其兴趣、需要、动机、理想、信仰等一系列变化。不经常对这些变化进行了解，就会丧失工作的针对性和科学性。其次，影响学生思想品德、学习动机的家庭、社会环境也在随时变化着，不经常对这些情况进行了解和研究，就很难做出及时正确的应对和妥善的安排，就可能使班主任工作陷入被动。经常性地了解学生，能使班主任形成发展的观点，更加客观、科学地分析学生，始终保持清醒的头脑。

(四）公正性原则

班主任在工作中对任何学生和事情应当公允、平等、正直，要一视同仁、公平合理，不能因感情因素而倾斜、抱成见、拉关系，特别是面对优秀生和后进生时，应尤其注意细枝末节，才能获得对学生提出教育的权力，受到学生的拥护。一般来讲，学生在学校里，普遍存在着希望受到关注、希望获得尊重、希望取得成功等心理需求。班主任应该意识到学生这种心理需求的迫切性，并给予充分的理解和支持。在这里，公正地对待所有学生就显得尤其重要。不管是成绩好的，还是成绩差的；不管是守纪律的，还是经常调皮捣蛋的；不管是招人喜欢的，还是不那么招人喜欢的；不管是做事认真仔细的，还是马马虎虎的……都必须要公正地对待，要有同样的笑脸。班主任还要善于发现学生的优点，特别是一些各方面表现相对比较差的学生的优点，应给予及时的表扬和肯定。只有这样，班主任才能走进学生的心里，才能真正了解学生的所思所想，才能真正把握学生的真实自我。

(五）真实性原则

了解学生获得信息是真实的。真实的信息才是教育针对性的起点，真实的信息才是因材施教的基础。为获取真实的信息班主任要树立民主的思想，并努力做到：一要尊重学生的意愿。了解学生要从他们的心理特点出发，尊重他们的真实意愿，即便这种意愿与中小学生日常行为规范或传统美德不相符合，但必须深信这种第一意愿是最真实的，必须认真听，让他们把话说完。真正的智者，应当首先肯定学生说真话是诚实的表现，然后再去研究教育的对策，否则就会弄巧成拙，甚至事与愿违。二要接纳学生的不同意见。真实的德育应以人为本，班主任应以开明的态度、多元的德育观念，允许不同的价值观并存，并提供足够的自由表达与争论的机会，使学生真实地袒露自己，自由地伸张个性。不能压制不同意见，否则会使学生用班主任喜欢听的话来迎合班主任，因此，说真话的会越来越少。三要做学生真诚的朋友。做学生的朋友，可以使学生向老师敞开心扉，把真实的想法向老师倾诉，从而避免说假话的现象。既然是朋友，就应当以民主平等的态度与学生交流，尊重学生意见，尊重学生人格。四要善于倾听学生的心声。值得强调的是教师还要善于倾听学生的心声，不要急于用成人的道德判断去评价学生，否则会犯"以小人之心，度君子之腹"的错误。班主任要倾听，学生才有表达自己想法的勇气。倾听是理解、是尊重、是接纳、是期盼，倾听就是爱。

（六）宽容性原则

班主任的工作是育人的工作，涉及学生细致微妙的内心世界。鉴于学生的年龄特征和认知特点，班主任应站在学生角度设身处地地去思考问题，给学生应有的宽容，这样才能有针对性地做好学生的教育工作。苏霍姆林斯基也曾经说过："有时宽容引起的道德震动比惩罚更强烈。"可见宽容有着神奇的教育效果。当然，宽容学生绝不是宽纵放任学生，它是以严格要求为前提的，该严的则严、该松的则松，做到严而有度、宽而有节。遵循宽容性原则，班主任要注意：

一要在时间上宽限。对学生的错误，班主任应做到：上课出现的问题，要尽可能放在课后处理；公众场合发生的问题，要尽可能在个别场合解决。这样既避免了学生的自尊心受到伤害，又给学生一定的时间进行思想斗争，最后达到自我纠正的目的。

二要在态度上宽宏。有的学生犯了错误，一时执迷不悟，态度不端正，甚至出言顶撞班主任，这时候班主任绝不能火冒三丈。即使有的学生所犯的错误出乎班主任的意料，并伤害了班主任的自尊心，班主任也必须控制好自己的情绪，冷静地加以处理，千万不要挖苦、中伤学生。

三要在认识上宽容。有的学生在班主任强调某个问题之后"闯红灯";有的学生恰恰在最不应该出问题的时候"闯了祸"。这时,班主任不要认为学生是故意顶撞,从而不予原谅,而应静下心来具体问题具体分析,做到思想认识上的宽容,这样才能收到良好的教育效果。

四要在条件上宽让。要允许犯错误的学生讲"条件",给学生留有改正缺点的余地。如班主任准备请家长来校,学生会请求班主任在班里解决,这时班主任不妨"妥协"一下,只要学生是真诚地决心改正,就应给予适当的宽容和让步。

五要在处理上宽待。学生犯错误,班主任要让学生对自己所犯错误的严重性和危害性有足够的认识。但班主任在处理时,要注意酌情区别对待。如果是初犯或当时有特殊情况等,就应宽容对待,从轻发落,以利于调动其积极因素。有人说,"宽容是金"。由于班主任的宽容使学生与班主任之间建立起一种互相信任的情感关系,学生才肯敞开心扉跟班主任交流、沟通,班主任也才能更全面深入地去了解他的学生。

第三节　了解和研究学生的方法

班主任对学生管理、教育是否得法,是否符合学生身心发展的特点,不仅取决于班主任的教育观念,还取决于班主任是否选用合适的方法去研究和了解学生。

一、了解学生的方法

(一)观察法

观察法是研究者通过感官或借助于一定的仪器,在一定时间内有目的、有计划地考察和描述客观对象(如学生的各种行为表现、心理状态等),并收集研究资料的一种方法。例如,在教育、教学活动过程中,班主任老师可以通过详细观察和记录学生在学习、游戏、劳动等活动中,或在考试、比赛、日常生活、课外活动等各种情况下的表现,了解学生的各种心理特点和行为。

观察法是了解和研究学生的基本方法。中外教育史上有许多教育家善于观察自己的教育对象,并把观察的结果记录下来,就成为教育科学研究的第一手资料。

苏联大教育家苏霍姆林斯基一生写了许多著作,大部分资料是靠长期的观察得来的。他为了研究道德教育问题,仔细观察和研究"差生"和"调皮学生"的心理状态及行为表现,他曾先后为3700名左右的学生做了观察记录,能够"指名道姓"地说出25年中178名"最难教育"的学生的曲折道路。观察法是了解和研究学生的一种最基本、最普遍的方法,也是班主任工作的常用的方法之一。

观察法在班主任工作中具有重要的作用:第一,观察法是搜集人的各种心理活动及其发展变化规律的各种科学事实和研究材料的基本途径。由它得来的大量丰富的各种材料,是班主任工作的基础,是班主任采取各种各样措施的起点。第二,观察法是检验班主任工作方法和效果的重要工具。班主任只有在深入学生的学习、劳动、课外活动和课余生活中去时,才能全面而真实地观察学生的各种表现,才能在此基础上去制定或选择教育的方式和方法。但是我们选择的方式、方法去教育学生的效果是否妥当需要检验,需要进一步细致观察学生的反应,才能及时调整自己的工作方法。

班主任运用观察法时,要把握以下几点要求:

1.通过自己的教学活动对学生进行观察。这是对学生进行观察的重要渠道。班主任可以通过自己所任课程的教学,对学生进行学习的目的、兴趣,学习的主动性情况,学习能力水平,遵守纪律的状况,与班集体和同学的关系等方面的观察。

2.通过班集体组织开展各种类型的活动来进行观察。在开学之初组建新的班集体时,可以通过学生的自我介绍,对学生的爱好、特长、能力及其过去的个人经历等有基本的了解;通过组织班集体的校园劳动,观察学生劳动的态度、表现,劳动的技能、组织能力和与同学的合作态度等;通过班集体的各类活动,如时事讲评、主题辩论、文娱体育和社会实践等,能够进一步了解和研究学生的道德品行、兴趣特长、技巧能力等,有利于全面了解和把握学生的情况。

3.在日常的学习生活和工作实践中加以观察。在日常的学习生活中,个人的自由度要大些,学生的个性会比较张扬,班主任要在与学生的共同活动中,善于与学生"打成一片",在互相频繁交流的过程中察言观色,洞悉学生的行为举止,透视学生的心理变化。这种在常态下的观察,一般能够获得对学生比较真实的、内在的了解和把握。观察后,班主任要做好观察的记录,以利于对观察的积累材料进行综合研究分析。

（二）谈话法

谈话法是班主任通过与学生进行口头交谈的方式来收集对方有关心理特征和行为数据的方法。观察法主要是用眼睛看，而采用谈话法时则主要用口问、用耳听，这种方法和观察法一样是考察、搜集学生有关心理与行为数据资料的最常用方法。在班主任工作中这两种方法往往是结合使用、互相补充的。

班主任与学生谈话的方式主要有以下几种：第一，个别谈话。这种谈话是班主任与学生一对一的谈话。谈话的内容不宜在公开场合公布，或者必须通过个别谈话才能了解得到时，一般采用个别谈话。第二，小范围谈话。如需要了解某一问题的来龙去脉，或者需要了解和征求相关的意见和建议，一般采用小范围内谈话或者座谈会形式。如班级发生了某一纠纷事件，班主任需要同时找一些了解事实真相的学生进行谈话，以了解真相，处理解决；如班主任需要征求学生对班级工作的意见等，可采用让一些具有代表性的学生参加座谈会的形式。第三，书面谈话，即采用书面形式与学生进行谈话。如寒暑假中，与学生采用通信的方式（包括电子邮件）联系，或者班主任感到某些问题与学生当面直说不很方便时，也可以采用书面留条、通信的方式交谈。第四，家访谈话。通过家访谈话，了解学生的家庭情况、学生在家的表现等。这种谈话，最好是学生、家长、教师共同参与。第五，电话谈话。用电话与学生或者家长谈话，一般以安排在晚上或双休日为宜。电话谈话要事先准备好谈话要点，语言要简洁、明了，时间要短。

为了使谈话效果实现形象与情感的高度统一，产生神奇的教育功效，班主任就必须掌握谈话方法和技巧，为此在谈话过程中要注意：

1. 摸清情况、做好准备。摸情况、做准备时班主任要注意：第一，全面了解学生，使谈话具有指向性。班主任跟学生谈话决不可毫无目的信口开河，而应以对学生的深入了解为基础。班主任了解学生，就要了解学生的现实表现、思想状况和存在的问题；要了解学生的性格、气质、爱好、特长、情绪和态度，只有这样才能做到"因人施言"。第二，要了解周围环境条件、任课教师、同班同学等客观因素，对谈话内容、时间、场合与方式的影响情况，并做出及时的调控，即要善于选择和创设良好的谈话情境氛围。第三，要预测自己的观点、认识、感情、方法等因素可能会产生的影响，并精心设计方案，确定主题，安排内容并做好应变的充分准备。

2. 把握谈话的时机。在新学期开学之初，学生有新目标、新打算，希望班主任能够给予指导性的帮助。在这时，班主任主动找学生谈话能够取得较好的效果。在学习、思想及其他方面取得成绩和进步时，学生希望得到班主任的肯定和鼓励，这时，班主任主动找学生谈话，双方的心情都比较愉悦、比较放松，谈话能够取得良好的效果。在学习、工作、生活中遇到困难、挫折和不顺时，学生希望得到班主任的理解与帮助，这也是谈话的好时机。特别是学生遇到比较大的问题后，班主任更要把握好时机，有的需要一出问题，"及时"地谈；有的则需要在问题发生后，"冷一冷"，让学生"想一想"后，再"理性"地谈话，效果则更好。

3. 选择谈话的场合。在找学生谈话时，不少班主任喜欢把谈话地点放在办公室。事实上，从学生的内心感受出发，办公室并不是谈话的最佳地点，这是因为：第一，老师的办公室会给学生一种威慑力、压抑感，使得学生不能轻松自如地、真实地表达自己的想法；第二，在办公室里往往还有其他老师在场，这会使学生在谈话时心理上不能放得开，从而影响学生真实思想的流露，影响学生与老师的感情交流；第三，到老师办公室去，往往会被同学误认为是"犯错误了"或者"打小报告"等，无形中降低了学生在同伴中的威望，给学生造成一种心理压抑或心理逆反。因此，班主任与学生的谈话，要根据谈话的内容和要求，认真考虑和选择谈话的合适地点。有的谈话应该选择在僻静处与学生单独谈；有的可以利用课余、课外，在公共场合与学生漫谈；有的要使学生感到问题的严重性，应找一个安静且严肃的地点谈话等等。班主任要尽可能地创造条件，使学生能够畅所欲言，从而提高谈话的效率。

4. 要根据谈话对象的不同特点，选择不同的谈话方式。与自尊心和逆反心理比较强的学生谈话宜选择商讨式的谈话方式。班主任要以平等、尊重和亲切的态度，采用与学生商讨问题的方式进行谈话，也要允许和鼓励学生进行辩解，这有利于问题的澄清和解决。商讨式的谈话法有利于师生之间消除成见，排除双方传递信息的障碍，为深入的谈话创造条件。与善于独立思考、自我意识强，同时又心理敏感、疑虑性比较强的学生谈话宜选择点拨式的谈话方式。这种学生自我意识强，独立感受能力强，用暗示手段或者借他人之事，或用成语、谚语等简明的语言方式进行谈话，能够取得较好的效果。与自我防范性比较强的学生谈话宜采用突击式的谈话方式。这类学生犯了错误一般不肯轻易认错，事后会矢口否认，或把错误转嫁他人，班主任要充分利用刚发生的冲突性事件，进行突击性的谈话，能够起到冲破心理防线的作用，获得较好的谈话成效。与性格比较内向、孤僻且自卑的学生谈话宜采用渐进式的谈话方式。与这类学生谈话，班主任若过于直截了当，语言冲击力比较强，学生往往会沉默不语。因此谈话要缓缓推进，选择有共同语言的话题，分步进行，渐渐地将谈话引入主题。与依赖性和惰性比较强的学生谈话宜采用触动式的谈话方式。班主任和其谈话时，可以采用态度严肃的谈话方式，有利于使其产生思想上的震动。此外，班主任还要根据谈话学生的不同发展阶段和发展水平，选择不同的谈话内容和谈话方式。一般与年龄小的低年级学生的谈话，宜采用形象、具体、生动的语言；与年龄大一些的高年级学生的谈话，宜采用理性分析的谈话方式。班主任与学生谈话时，要针对谈话对象的不同发展水平，选择不同的谈话内容，谈话所采取的方式也要有所不同。对于学生干部和素质比较好的学生，谈话内容主要是关心他们全面的进步与发展，谈话可以采用开门见山、进行研讨的方式；对于有较大缺点的后进学生，谈话的主要内容重在关心他们前进中的困难和分析后进的原因，发现和揭示他们尚未开发的潜能。谈话可以是共同分析和研究克服困难、走出困境的途径。谈话对象的心态，直接影响到谈话的效果。一个班级有几十名学生，人人有思想，人人有个性，如不了解他们的特点，谈话就很难收到良好的效果。

5.态度要诚恳，感情要真挚。班主任在使用谈话法时，与学生谈话的态度要亲切、和蔼、真诚。如果学生感到老师找自己谈话是为了训斥自己，那么，对教师的谈话可能产生抵制心态，而且往往谈话的效果不佳。因而，班主任应注意和学生建立良好的正常师生关系。

（三）调查法

为了深入了解学生情况或弄清有关学生教育的某个问题，常常需要运用调查法。从调查的种类看，有一般情况的调查和专门问题的调查两种；从调查对象看，可以向班干部、任课教师、学生家长调查，也可以向学生的朋友、街道干部、邻里群众调查；从调查方式看，有个别访问、开座谈会、书面问卷等方式；从调查途径来说，有直接调查、间接调查等。无论采取何种方式，都应把工作做细，解除被调查者的思想顾虑，力争调查上来的材料能如实反映客观实际。

班主任要对调查来的材料及时加以记载、整理，以便综合研究分析学生情况时运用，这些宝贵材料也是班主任总结工作经验、进行教育科学研究的素材。调查的对象包括学生、学生家长、亲友、任课教师、母校教师、过去的同学、原班主任等，范围十分广泛。

班主任运用调查法应经常进行"四访"：访问家长（包括亲友、邻里）、访问任课教师、访问本班同学或以前同学、访问原来的教师。在接受一个新班时，要提前在假期内对学生进行普遍的调查访问。

1. 家庭访问。家庭访问是了解学生的一种常用的方法。中小学生同家长接触的时间多，家长的思想、意识、文化修养，甚至性格习惯对学生的成长都有极大的影响。要充分认识到家庭访问对教育学生的重要性。对学生的教育，只有在班主任与家长的意见取得一致、相互配合的情况下，才能收到良好的效果。

进行家庭访问的内容是很广泛的：要了解家庭的成员、经济状况、家长对学生的教育态度、方法，学生的生活习惯和在家里的表现，等等。走访家庭的重点应放在了解情况及和家长研究教育学生的方法、途径上。

为了达到预期的目的，在家访前要做好充分的准备。要根据学生特点、家庭的经济状况、家长的教养等不同情况，确定家访的内容和所采取的方式。如有的学生家庭经济状况好，在家有舒适的学习条件，有较多的娱乐条件，对此应着重了解家长对学生是否能严格要求。有的学生家庭经济状况较差，对此应了解他们是否有必要的学习条件，是否有一定的困难，应设法帮助其创造条件，搞好学习。对于一时表现差的学生进行家访，要向家长如实地反映情况，要充分肯定学生的成绩，不能简单地"告状"，以免引起家长和学生的反感。作为了解情况的家庭访问，重点应放在请家长谈学生在家的表现，尤其不能因学生有缺点、错误而责备家长。对优秀学生，要注意了解他们在家中表现出来的弱点。家庭访问的材料，要妥善保存，可绘制成家长工作记录表，作为研究教育学生的依据。

2. 访问科任教师。学生在校学习与科任老师接触很多，学生学习的积极性、学习的方法、对待成功与失败的态度中反映出来的意志力，与同学共同学习讨论中反映出来的精神境界，等等，科任教师都会有所了解。有的学生在班主任面前的表现同在任课教师面前的表现有所不同。这都说明访问科任教师对了解研究学生是重要的和必要的。

3. 在学生中间了解学生。"在学生中间了解学生"是放在学生中的无形的"录像机"，能及时地较为准确地反映学生情况。在做这类调查时，要注意以下几点：第一，教育学生反映情况一定要实事求是，不能有偏见；第二，教育学生对同学一定要用与人为善的态度，多看别人的优点、长处；第三，对学生反映的情况要进行核实、分析，要多方面听取情况，不能就只言片语做结论，还要正确巧妙地运用学生反映的情况，不要影响学生间的团结；第四，要保护反映情况的同学，向班主任反映情况的同学，往往受到不正确、不公平的冷嘲热讽，班主任必须义正词严地向学生说明真相，坚定不移地保护这些学生，以发挥他们的积极性，达到激浊扬清、明辨是非的目的。

4.访问原校的班主任和任课教师，以了解学生过去的表现。这可以为对学生做比较分析提供宝贵材料。

（四）资料分析法

资料分析法是指通过对有关学生的书面材料进行分析来了解学生的方法。有关学生的书面材料记载着学生各方面的情况，分析这些资料可以全面地把握学生德、智、体、美、劳和家庭、社会交往等方面的情况，了解学生每一个方面的历史、现状和发展变化的情况与趋势。这些情况既是班主任有的放矢教育学生的依据，又是与家长联系交流教育信息的重要内容，还可以让学生了解自己，以明确自己努力的方向。

有关学生的资料很多，大致可分为三类：一是学生档案资料，它包括学籍册、历年的学业成绩、操行评定、心理档案、体格检查表、有关奖励和惩罚记载、入团申请书等；二是班级记录资料，它包括班级日志、班会和团队会议记录、班团活动的计划和总结等；三是学生个人写的资料，如日记、作文、各科作业、学习笔记、各种答卷、墙报资料等。

班主任运用资料分析法时，要把握以下基本要求：

1.要以全面的观点来分析有关资料。书面资料记录的有关情况是局部的、有限的，不可能完全反映学生的全貌。同时，由于受主客观条件的影响，资料具有他人经验、思想、观点的烙印，所反映的情况并不一定完全正确和准确，甚至会有片面性。班主任分析运用资料时，要有全面的观点，切忌以偏概全。要充分重视对这些资料的分析和研究，但是又不能拘泥于这些资料；要着眼于在现实条件，对学生具体表现的全面情况进行了解和把握。班主任要随时注重现实资料的收集、积累和分析，如学生的周记和日记。班主任可以通过学生的日记、周记、作文来了解学生的内心世界，能从里面获得不少平时无法发现的信息，以获得对学生和集体的全面情况的了解和掌握。

2.要以发展的观点分析有关资料。资料记录的主要是学生和班集体的历史状况，是对学生个体和班集体过去状况的反映。它是班主任了解和研究学生及班级状况的基础。但是必须知道：学生和班集体是在不断发展变化的，不能把资料所反映的情况作为认识把握学生、班集体状况的唯一依据；班主任更不能受资料中鉴定和评价的影响，以"定向思维"和"先入为主"的形而上学的思维定式来看待和评价学生及其班集体；对犯过错误的学生，班主任更不能用"老眼光"看死他们，而要以发展的观点来看待他们。

3. 要善于借助其他的方法，使资料分析法发挥更好的作用。借助书面的、有记载的资料作为了解、研究、分析学生的重要依据，这是资料分析法的长处。但是它没有观察法获得的信息来得细致和直接，也没有谈话法获得的信息来得及时和全面，更没有调查法获得的信息资料来得深入。因此，资料分析法要与观察法、谈话法、调查法以及其他方法结合起来运用，这样能够把对学生的历史了解和现时了解研究结合起来，把静态的了解和动态的了解研究结合起来，使班主任对学生和班集体情况的了解和把握更加细致、更加深刻、更加全面，有利于增强班主任工作的针对性和实效性。

二、分析和研究学生应注意的问题

在教育和教学过程中，学生是教育的对象，又是教育的客体。但学生不仅是被动地接受教育，同时他们还发挥着教育主体的作用，也就是说，学生既是教育的客体，同时又是教育的主体，是教育客体和教育主体的辩证统一体。作为教师特别是班主任，在了解、研究和教育中必须树立正确的教育观点、正确分析和研究学生，才能达到教育的目的。

（一）树立正确的观点

1. 教育的观点。教育是培养人的社会活动，这是教育的本质。学校教育的对象是学生，他们在教育过程中既是教育的客体，又是学习的主体。作为班主任首先要认识到学生是人，是一个有血有肉、有思想感情的人。这一点是十分重要的。在教育过程中，班主任不仅要把学生作为认知的对象，而且彼此间必然还有思想感情的交流，需要建立心理上的联系。这种师生间的心理联系是双向性的。学生在学校接受老师的教育过程中，体验到人生的价值和喜怒哀乐。"有血有肉"还说明学生有自己独立的人格，有自己的需要、愿望。学生作为我们的教育对象，他们是具有主观能动性的、活生生的人，学生在教育过程中始终是教育过程的主动参加者，他们在任何时候对客观世界都是能动的，教师，特别是班主任不可能将自己的知识、观点移植给学生。学生对班主任的教育影响能否接受，接受多少，总是根据自己已有的认知结构去选择和接受。因此，作为教师，特别是班主任应对学生有一个正确的教育观念，要深入分析学生的各种行为原因，选择恰当的方式去教育，而且要相信学生一定会通过教师的耐心帮助，达到教育之目的。

2. 全面的观点。我们的教育目的是培养德、智、体、美、劳全面发展的，具有独立个性的社会主义现代化建设者。教育工作者要想方设法把学生培养成德、智、体、美、劳全面发展的人。这里所说的"全面发展"不是主张让学生门门功课百分，平均发展。我们所说的"全面发展"是指学生基本素质的发展、心理素质的提高。学生可以，而且应当在基本素质全面发展的基础上保持并发展自己的兴趣、特长和个性，绝不能用同一标准来要求和培养所有的学生。目前，中小学中片面追求升学率现象依然存在，要求学生考高分数，只重视知识的传授，忽视能力的培养，甚至有的学校和老师为了争名次，只抓少数尖子生，而忽视或放弃对大多数学生的培养，这些都是在极其错误的观点指导下形成的。

班主任首先要有一个正确的、全面发展教育的观念和指导思想，不能只抓班级的教学，抓分数的高低，而忽视德、体、美、劳方面的活动，要认识到学生的各种活动对学生各方面的积极作用。只有对学生进行全面教育，才能真正从应试教育走向素质教育。

3. 发展的观点。在教育过程中，作为年青一代的学生，他们的身心特点和发展与成年人不同，不论从什么角度来看，学生都正处在不断成长发育的过程之中，具有极大的发展潜在可能性，处在发展的黄金时代。

他们的发展，除了先天遗传素质外，往往与外界的环境、教育条件以及他们参与活动的态度密切相关。无论是生理方面和心理方面都在活动过程中，特别是在学习活动中通过遗传、环境、教育的交互作用逐步趋向成熟。这种成熟，时而发展迅速、时而发展缓慢，呈波浪式前进。这方面与成年人有明显的差异。

因此，作为教育者，不能用对成年人的标准去要求学生，也不能用教育成年人的方法去教育他们，更不能用凝固的观点去衡量、指责他们，说什么"年纪小小，老气横秋"或"这么大人，还小孩脾气"；或是听任他们自由发展。相反，应该针对他们身心发展不同阶段的特点，加以引导。在分析和研究学生时，特别要注意用发展的观点去看待学生，既要看到学生的过去，又要看到学生的现在，还要看到学生的发展变化。绝不能主观片面,更不能把学生看成一成不变的,昨天的"落后"不等于今天一定"落后",今天有的缺点和毛病,不等于明天还存在。要充分看到在老师,特别是班主任的辛勤劳动和教育下,绝大多数学生是可以教育的、会转变的、能进步的。如果教师把学生看"死"了,那么我们的教育工作就难以取得效果,甚至会得出错误的结论。

(二)正确估计学生的思想状况

在分析和研究学生的同时,我们不能忽视对学生的思想品德进行正确的评估。在整个教育工作中,应该把坚定正确政治方向放在首位。德育工作实际处于教育的主导地位,并始终贯穿于教育过程中。我们所采取的各种措施的效果都要通过学生思想品德去评价,学生思想品德如何,不仅要看学生的道德、思想、政治的理解,而且要看他们的行为。班主任主要应从以下几个方面去评估:

1. 学习的目的性。看学生是否是为了祖国的富强、人民富裕、民族振兴而努力学习,勤奋劳动。

2. 学生世界观的建立。看学生是否树立了辩证唯物主义的观点,能正确认识世界。

3. 看学生的道德品质。看学生是否具有良好道德品质,是否爱科学、爱劳动、爱护公共财物,有礼貌、团结同学、助人为乐、尊敬师长、遵纪守法和有良好的文明习惯。

班主任要全面地衡量一个学生的思想品德状况,不可一事一时去下定论。

第五章 班主任和学生谈话的艺术

班主任与学生进行谈话，是班主任进行思想品德教育和学习方法指导的一种有效方式，是班主任全面熟悉了解、准确把握学生思想脉搏的有效途径。班主任工作要想取得良好的效果，就要讲究谈话的艺术。

谈话艺术是语言艺术的一种，是谈话技能技巧的升华。一次成功的谈话，可使学生如沐春风，给学生以启发、鼓励；反之，也可以使学生消沉、迷惑，甚至一蹶不振。从这个意义上说，探索班主任谈话的艺术，是班主任的一项基本功，有利于搞好班主任工作。

第一节 班主任的谈话艺术概述

班主任是班级的组织者与领导者。开展班级工作，了解学生的思想动态，处理学生存在的问题，对学生进行全面的教育，班主任最常用的方法就是谈话。班主任的谈话艺术是保证谈话取得良好效果的重要条件，因此，进行班主任谈话艺术的研究，对提高班主任的工作质量，促进学生的全面发展，有着重要的现实意义。

班主任主持班级工作，必须与学生广泛接触，达到水乳交融的程度。学生只有愿意向班主任吐露心声，反映班级的真实情况，班主任才可以掌握学生的心理变化，使班级工作保持正常运转。为此目的，班主任应全面、及时、深入、细致地了解学生，这其中包括学生的学习、生活、劳动、娱乐、交往等各个方面。要了解学生、掌握学生的有关信息，建立和谐的师生关系，最简便的途径就是同学生进行多种形式的谈话。不管是集体的和个体的、正式的和非正式的、成功的或者失败的谈话，都能给班主任提供某些信息，甚至连学生谈话时的表情、神态、举止也都包含着某种信息。

了解了有关学生的信息，其中必有一些需要班主任出面解决的思想问题，而要妥善解决学生的思想问题，最有效的方法还是谈话。问题是否能妥善解决，学生是否口服心服，是否能唤起学生进取的欲望，这取决于班主任的谈话艺术。一般来说，普遍性的思想问题，可以通过集体谈话教育、解决；个别性的思想问题，在正式场合不能妥善解决，或不适宜在正式场合用集体谈话的形式解决的，就要用个别谈话的方式去解决。针对问题的不同性质和学生的不同特点，一把钥匙开一把锁。集体谈话，可以针对某个典型问题，同时教育全班学生；个别谈话，因人而异，可以照顾学生的个别差异，充分体现因人施教的原则，保证谈话的有效性。

班主任不管是获取学生的信息，还是解决学生的思想问题，谈话都是一种简便、灵活、有效的方法。这种方法方式简单自然，具有随机性，内容不受时间、空间限制，可以根据需要灵活进行。谈话对环境条件要求不那么严格，事先准备工作也不需太复杂，有些谈话可以反复进行，或与家长配合。这种方法可适用于不同年龄、不同个性的学生，便于班主任创造一种和谐、平静的氛围，让师生表达真实思想，促进感情交流与融合，加速学生思想转化，提高学生对所谈问题的认识水平。

总之，班主任的谈话在其整个工作过程中起着极为重要的作用。班主任的谈话艺术是一个值得研究的重要课题。这里所讲的谈话艺术，是专指班主任通过口头语言艺术，直接与学生交谈，交流思想信息，摆事实、讲道理，寓理于情，疏通思想，提高学生思想认识，培养他们良好品德和个性以及促进班级工作开展的一种教育方法，它不同于人们日常生活交往中的谈话。

谈话一般可分为集体谈话和个别谈话，其中，集体谈话包括几个人以上的部分学生和全班学生谈话，根据其形式区分为主讲式的谈话和民主平等式的谈话；个人谈话则是针对不同学生个体，进行的有针对性的单独谈话。

第二节　集体谈话艺术

集体谈话一般多是从学生普遍存在的问题和学生共同关心的问题以及对集体有教育的问题中选择谈话的主题。集体谈话，根据班主任运用谈话进行教育学生的实践，主要有班主任主讲式谈话和师生民主平等式对话两种模式。

班主任主讲式谈话最常见的有伦理道德谈话、表扬性谈话、批评性谈话等。

伦理道德谈话一般是指马列主义基本原理、世界观、人生观、政治经济、思想道德方面的谈话。表扬性谈话和批评性谈话，我们在上一章中已经做了介绍，这里就不再赘述了。

班主任在班会上或利用其他时间，以讲述、讲解、讲演、报告等方式对学生进行政治思想和伦理道德谈话是保证学生明确正确的政治方向、形成道德认识、解决思想问题，激励他们不断进步的不可缺少的、常用的集体教育方法。

但是有些班主任没有用好这种方法，他们往往不讲究谈话艺术，常常是长篇累牍地空讲大道理，不考虑中小学学生特点，不尊重学生，多是我讲你听，不切合学生实际的硬行灌输，是华而不实的"假大空"的空洞说教，缺乏说服力，以致收效不大。班主任必须改进这种不受学生欢迎的伦理道德谈话，应该讲究谈话艺术，提高谈话效果，真正发挥伦理道德谈话的集体教育作用。

主讲式的集体谈话内容是多方面的，谈话对象也是不同的，因此，要针对不同内容和对象采用多种多样的摆事实、讲道理，以理服人、以情感人的不同的谈话方式，以达到真正提高学生认识和解决思想问题能力的目的。班主任主讲式的集体谈话，主要有层层分析推理式、情景式、启发引导式、对比式、故事式、科学实验谈话式几种方式。

无论采取哪种谈话方式，班主任都要注意以下事项，只有坚持了这些原则，才能让谈话具有艺术性，谈话才能收到效果。

1. 班主任要对所讲的观点、道理有真切理解和坚定信念

班主任要真正对所谈的问题搞懂、搞通、搞透彻，有真情实感，达到坚信不移的程度，相信自己用以说服学生的理是真理。

只有自己真通、真信，讲起来才会理直气壮、声声有力、句句在理、情真意切，才能感染学生和说服学生，相信老师讲的理是对的。否则，就会出现或照本宣科，或言不由衷，或"假大空"，或不能自圆其说，或没有真情实感等语言无力、无情、无信的现象，当然就很难说服学生了。

2. 班主任的谈话要有针对性，要讲真话、实话

班主任谈话的选题要针对性强，即谈话主题和内容要选择学生中存在的疑难问题和他们普遍关心的有趣的热点问题，选择这类问题既可以满足学生内在的求知欲望，又可以引起他们的兴趣。外因通过内因起作用，调动他们学习的自觉性和积极性，从而收到良好的教育效果。

在谈话过程中，班主任要联系社会实际问题和学生思想认识问题有针对性地谈话，讲真话、讲实话，要言之有理、论之有据，对成绩不夸大、对问题不回避，有一说一、有二说二，实事求是、推心置腹、开诚布公。只有讲真话、讲实话，才能体现出真理和力量，才能言重如山，取信于学生，才有教育意义，才会受学生欢迎。

如果班主任不了解学生思想，抓不住疑难点和热点问题及问题症结所在，谈话中不切实际，无的放矢，教条式地谈一些"形而上"的大话、空话、假说和套话，或文过饰非，这样既说服不了学生，还往往会产生不良后果，引起学生反感情绪，造成他们的逆反心理。

3.班主任要切实改进谈话方法

谈话要有观点、有材料，两者必须统一，要用正确观点统率材料，引用实际材料必须能说明观点，事例不在多，而在典型和恰当；说理不在话长，而在于深入浅出，分析精辟透彻，有说服力。谈话要求讲得概念明确，重点突出，条理清楚，逻辑性强，使学生听懂、听明白，留下深刻印象。谈话的深度和广度适合学生年龄特征和认识水平，宜从具体到抽象，要选择他们熟悉的人物、事迹、事例去说明道理，防止空洞说教和成人化。

谈话中还要注意学生的反应，及时采取反馈措施，不断调整适合他们的内容和方式，集中学生注意力听讲，引导他们的思维跟着教师谈话进程发展，达到讲者和听者的思想交融。谈话不仅要做到以理服人，还要做到以情感人，感情真挚，使学生感动，真正做到通情达理、情真理切、情理交融、思想共鸣，才能收到入情、入理、入耳、入脑、入行的效果。

民主平等式对话，是对话双方或多方在一定环境下，通过语言手段，民主平等地各自发表见解、抒发情感，释疑解问，双方交流信息，增进理解，以达到教育听众、提高认识、解决思想问题的一种方法。

民主式平等式对话有着明显的特点：①对话的双方或多方可以各抒己见，畅所欲言，可以在平等争论中分清是非，统一认识；②可以使对话的双方或多方获得思想信息和感情的双向交流，增强理解，心理相容；③对话方式生动活泼，民主平等，气氛和谐。

第三节 个别谈话艺术

班主任的个别谈话，是指同个别学生的谈话，又指与某个学生的单独谈话。个别谈话包括与学生干部的谈话、与优秀学生的谈话、与表现一般的学生的谈话、与偶有过失的学生的谈话、与后进生的谈话、与生理缺陷的学生的谈话、与早恋学生的谈话等。

1. 对学生干部的谈话艺术

学生干部都是思想比较成熟，有一定的组织管理能力，在同学中能起表率作用的学生。由于工作关系，与班主任接触较多，在同学中有一定威信和号召力，是班主任搞好班级工作的有力助手。

班主任对学生干部谈话，要注意倾听他们的意见，多采取交谈形式为好；多讲些道理，多做些分析，开拓其思路；要充分相信他们、尊重他们，但也要严格要求他们；班主任谈话要直截了当，不要拐弯抹角，含糊其词；班主任做决定要果断，不可优柔寡断；谈话次数可以多一些，但每次时间不一定很长。

如果是布置工作，则除了交代任务外，班主任还要在工作方法上予以指导，告诉他什么工作该用什么方法。可让学生谈谈自己的打算，好的想法，班主任应予以肯定；不当的地方，班主任要明确指正，并讲明为什么。最后，就所开展的工作，班主任谈几点要求。这样谈话，有利于培养学生的工作组织能力，使他在班主任指导下，尽快成熟起来；同时也体会到班主任的关心、支持，增强其工作的信心和积极性。

如果是了解班级情况，让学生汇报工作的谈话，班主任就要首先讲明谈话目的，并以和蔼的口气，鼓励学生如实反映情况。在学生讲述时，班主任对好的方面要表示赞许，对不明白的地方可以插话询问。学生讲完后，班主任对班级情况要做出分析，讲明原因。对学生的工作，要做出评价，坚持以表扬鼓励为主，这样便于调动学生工作积极性；对不足或失败的地方，要客观地分析原因，学生不仅不会心灰意冷，反而会激发工作热情，将功补过。

如果是批评性的谈话，班主任就要坚持高标准、严要求。对学生的过失做出严肃的批评，并阐明利害，绝不能对错误姑息迁就，否则，既不利于学生干部的成长，也不利于班级工作的开展，甚至会留下严重的后遗症，引起连锁反应。

2.对优秀学生的谈话艺术

优秀学生一般聪明好学、成绩优良、思想进步、表现积极，在同学中有一种优越感，也很受班主任喜欢。但如放松教育，容易滋长骄傲情绪，不能与同学打成一片。偶有过失，往往持不在乎态度，一般自尊心较强。

班主任与优秀学生谈话要以鼓励、表扬为主，爱护学生的积极性；对错误不能迁就，教育学生不断完善自我，立志成才；谈话语言要恳切，感情要真挚；启发他们自觉培养自我教育、自我反省的能力。

开始谈话时，不要直入正题，可以从他感兴趣的话题入手，解除其防御心理，继而谈到他的成绩、优点，肯定其积极的因素，给他一个班主任很重视、关心自己的印象，接下来阐述有关的人生哲理，成才条件，鼓励其再接再厉。

班主任可不失时机地指出其弱点和缺点，并分析其危害，帮助他客观、全面地看待自己。要向他们指出，成绩的取得不仅是个人努力的结果，同时也与家长、老师的教育密不可分，谦虚使人进步，骄傲使人落后。当他领悟到自己的弱点，明了一定的事理之后，再明确地给他提出要求，鼓励他继续保持优异成绩，同时还要帮助其他同学，一起进步。

3.对表现一般学生的谈话艺术

表现一般的学生在班级人数较多，他们学习不甚努力，成绩平平，思想进步要求不强烈，参加班级活动缺乏积极性。

与他们谈话时，可先让学生谈谈自己的情况，谈谈对某些问题的认识，从中发现一些模糊或错误的观点，然后列举优秀同学的事迹，与之对照，找出差距，再阐明有关道理，启发他们觉悟。

与表现一般的同学谈话，注意说话要和蔼诚恳，以情动人；不要严厉训斥、指责，要循循善诱；提出要求目标不要太高，要切合本人实际；重点是增强信心，鼓励上进，不可把学生讲得一无是处。

4.对偶有过失学生的谈话艺术

这些学生平时各方面表现不错，在同学中有一定影响，只是由于认识偏激或个性缺陷所致，偶尔做出错事。事后能自觉意识到错误，主动向班主任坦白。

与这些学生谈话时，应先让学生谈谈做错事的前因后果，并检查自己的责任；班主任获取信息后，加以分析。对学生的错误进行批评，指出其危害；老师要客观地看待学生，肯定他的优点和成绩，增强他改正错误的信心，不可一气之下，严加训斥，凭一时错误，抹杀全部成绩。接下来班主任应将语气缓和下来，阐述有关道理。

与偶有过失的学生谈话，应注意批评错误，态度要严厉，气氛要严肃，以此给学生一个触动；坚持两分法，正确对待错误；分析时话要中肯，以理服人，不以势压人；给学生指出方向，鼓励其改正错误；班主任谈话，要心怀善意，不要讽刺、挖苦，更不能恐吓、惩罚，多用疏导的方法，促进学生的领悟，激发其进步。

5. 对后进生的谈话艺术

后进生一般觉悟较低，是非观念模糊，缺乏上进心，也没有良好的行为习惯，因而经常犯这样那样的错误。与他们谈话时，班主任先要架起心理沟通的桥梁，奠定谈话的基础。为此，班主任要端正态度，稳定情绪，树立转化的信心。

谈话之始，不要"单刀直入"，列举种种"罪状"。而要采取迂回战术，不妨先问寒问暖，从关心其生活入手，这样可解除他的防御心理、抗拒心理，促使他认识到，老师谈话，不是又要"整他""治他"。

班主任的谈话，重点不是针对错误，严加痛斥，而是要以平稳的语调、充满感情的言辞探讨分析其后进的原因。找寻心理的症结，剖析其个性特点及其形成缘由等，晓之以理、动之以情，态度诚恳，苦口婆心，他会意识到，真正关心、爱护他的是老师，用班主任的深情厚爱化解他心中的冰层，这时他就会承认自己的过错。

接下来，班主任就要挖掘学生身上的积极因素，予以充分肯定，阐明有关做人的道理，提出殷切的期望和要求，激发他的上进心，提高他的认识，展示他前途的曙光。后进生的个性发展往往存在严重缺陷，难以一下子矫正，错误意识和行为习惯也不是一下子能转变过来的。因此，班主任的个别谈话要多次进行，要有反复的思想准备，有耐心，切忌粗暴和急躁，只能以柔克刚，不能以硬对硬。

与后进生谈话，应注意重在攻心，不在整人；只能因势利导，不能听之任之；班主任胸怀要宽阔，不能对学生的错误言行斤斤计较；谈话时要控制情绪与情感，特别要制怒；要尊重学生的人格，不羞辱、挖苦他们，防止其产生逆反心理；谈话要寻找有利时机，注意场合；分析、批评要合情入理，切忌无限上纲；谈话可分多次进行，给学生以反省的机会。

6. 对有生理缺陷学生的谈话艺术

这些学生因为有生理缺陷，往往在心理上形成某种压力，总感到矮人一截，容易产生自卑感，怕人取笑，不愿参加集体活动，很少与人交往。长期下去，自身的优势不能发挥出来，能力发展受到阻碍，有的甚至产生心理疾病。

与他们谈话时，班主任应多几分关怀、多几分爱，以此补偿他们心理上的缺失；态度要格外热情、和蔼，话语要格外亲切、谨慎，以免刺伤他们的自尊心；谈话时要以鼓励为主，讲明人生哲理，及时表扬其优点，以唤起他们进取的勇气。在谈话之后，对这类学生，在条件允许的情况下，可尽量给予生活上的照顾，如排座位、上体育课、劳动时，要和其他同学讲明道理，以取得同学们的同情和谅解。

7. 对早恋学生的谈话艺术

据有关部门调查，我国约有15%的初中学生和19%高中学生有早恋行为。男女学生一旦过早误入"爱河"，往往会神情恍惚，情意绵绵，看书看不下去，个人正常的学习秩序遭到破坏，上课注意力分散，对班级开展的各项活动，都提不起精神来，整日想入非非。

班主任与他们谈话，要选择恰当的时间、地点和场合，不可将谈话内容外泄，以免造成不必要的麻烦，特别是对捕风捉影的事情，谈话更要持慎重态度。谈话内容一定是经过充分了解的，有确凿的证据，因为恋爱问题对每个同学都是一个敏感的问题，不能把男女生之间正常的友谊交往当作早恋行为。

班主任对确有早恋行为的同学谈话时，一定要采取正面说理、启发诱导的方法，指出早恋的危害。中学生身心发展并未成熟，过早把精力放在恋爱上面，不仅有碍于智力的发展，而且还会因舆论的谴责和秘密交往的压力造成性格上的缺陷和个性发展的障碍，同时对身体发育也有不利影响。对于坠入爱河较深的学生，谈话时可敲敲警钟，指出早恋往往蕴含着失身或失足的危险。

因为早恋问题涉及学生家庭，所以班主任谈话前后应与家长取得联系，相互配合，而且要劝告家长不要采取过激行为，更不要伤害学生的自尊心；班主任在谈话之后，也要谨慎行事，万万不可当众批评，施加压力，否则后果将不堪设想。

与早恋学生谈话，应注意谈话时间、地点，场合选择要慎重，不要引起其他同学的误解；谈话以疏导为主，不要当作犯错误而严肃处理；谈话时气氛要松弛，不要像发生了重大事故一样，以免给学生造成压力；一次谈话后，要给学生以思考的时间，不要快刀斩乱麻，立竿见影地解决问题；谈话的同时，对学生要进行感情的抚慰，以免伤害其纯洁的心灵。

第四节 班主任谈话的注意事项

班主任与学生谈话，不仅是一种言语交际行为，也是一种思想教育的工作方法，需要遵循学生思想活动规律，贴近学生思想实际，符合学生的心理特征，一般应遵循如下原则：

1. 平等原则

与学生谈话是一个双向交流的过程，不可居高临下，盛气凌人。不要把自己的观点强加于人，要把学生放在与自己平等的地位，消除学生顾虑与拘束，允许学生发表自己的观点和看法，让学生在平等、和谐的气氛中受到启发，得到教育。

2. 真诚原则

班主任要真心诚意对待学生，关心爱护学生，做到以情感人。唐代诗人白居易说过"动人心者莫先乎情"，唯有真诚，才能引起学生心灵的震撼，才能与学生在思想上产生交流，心理上有了沟通，心灵上引起共鸣，学生才能敞开心扉，袒露心声。在谈话过程中，如果班主任带有厌恶的情绪，甚至皱一皱眉，有一点走神，学生都会敏锐地觉察到。若让学生产生一种被轻视、被愚弄的愤怒，就会引起师生间的对立情绪，影响谈话效果。

3. 尊重原则

班主任与学生谈话时，要态度和蔼，给对方以亲切感、实在感，要倾听对方的诉说，让对方把心中的体验、感受、困惑、疙瘩、怒气、忧愁尽情地倾诉出来；不要随意打断学生的话语，要正面引导，鼓励帮助；不要高声训斥，挖苦讽刺，话难听、脸难看。尊重学生、理解学生，这样学生才会为之倾心，与之交心。

4. 差异原则

班主任与学生谈话的方式要因人而异、因事施法，不可千人一面。要根据对方的性别、年龄、性格特征、情绪心态、表现情况，根据谈话的内容、主题、环境等诸多因素，具体问题具体分析。有的同学是直性子，性情豪爽，谈话就要开门见山。有的同学自尊心较强，谈话就应含蓄一些，旁敲侧击。

在遵循这些基本谈话原则的前提下，班主任与学生谈话，还必须讲究方法与技巧，这样才能让谈话的效果最大化。具体地应该做到如下几点：

（1）谈话前应有明确的目的，对谈话内容要有所准备，使用的方法要有所选择。

谈话既然是班主任重要的工作方法，那么每次谈话要达到什么目标，对学生进行哪方面的教育，班主任应做到心中有数。明确的谈话目的对整个谈话过程起着调节作用。无目的的谈话只是徒费口舌，无助于工作的开展与学生的思想转变。

每次集体谈话要有明确的主题，每次个别谈话要围绕和针对主要问题。为了保证谈话的效果，充分体现谈话的艺术，班主任必须对要谈的内容有所准备。集体谈话，可围绕主题，学习党的有关方针、政策，阅读有关书籍、报刊，联系学生思想动向，认真思考，拟定提纲。个别谈话，要预先想好解决的问题。学生的错误事实，要了解清楚，免得谈话时无的放矢。

不同目的、不同内容，要有与之相适应的谈话方法，才能体现教育效益。方法不当，往往事与愿违。集体谈话方法得当，可让学生群情激奋，深受教育，促进班级建设；个别谈话方法得当，可使问题迎刃而解，学生口服心服，不致引起学生的逆反心理、抗拒心理。

（2）谈话中要随时观察、了解谈话对象，根据学生的心理状态调整谈话过程。

谈话过程中，学生在接受了班主任传达的语言信息后，会做出各种不同的反应。学生的反应一般通过语言、面部表情、情绪或行为表现出来，班主任要随时注意观察、了解，结合自己对学生已有的了解，联系学生的个性特点或班级状况做应变思考，然后，根据学生的心理变化和具体反应，及时调整谈话过程。

谈话或严厉或缓和，或直接或委婉，或深入或发散，或诱导或抨击，或表扬或批评，完全以问题的性质、学生的个性及反应的表现而定。对谈话过程的调节与控制，要以保证谈话效果为原则，要坚持应有的教育原则与道德准则，不可随意迁就放任学生。

（3）谈话的态度要诚恳，阐明事理，循循善诱，施以爱心，以情感人。

班主任是教育者，让学生健康地发展是自己神圣的职责。以诚待人，才能得到满意的回报。班主任谈话，既然是培养、教育学生的过程，那么态度就要诚恳，只有诚恳，方能使话语入耳、动心，如果苛以训斥、羞辱，只能伤害学生自尊，促其向坏的方面转化。

班主任在谈话中，要不断阐明事理，帮助学生树立道德观念，明辨是非，判断善恶，坚持正面教育，循循善诱，因势利导，不能强迫体罚。现在的学生因受社会不良因素及影视消极内容的影响,对正确的道理,往往充耳不闻,甚至产生逆反心理,这就要求班主任进一步提高谈话艺术。

另外,班主任在教育过程中,对学生要施以爱心,只有对学生充满爱,才能使自己有耐心,更机智。有些个性强的学生,道理听不进,硬压他不怕,可就服班主任的情感感化。班主任处处关心、爱护,谈话动之以情,就能使学生明晓事理,愿意接受班主任的劝导,此所谓"吃软不吃硬"。班主任在谈话中,可以情理交融,以诚为催化剂,这样可以使谈话行之有效。

（4）把握谈话时机,精心选择谈话的时间、地点和场合。

班主任与学生谈话,有一个把握最佳时机的问题。过早,时机不成熟话不投机半句多";过迟,事态已扩大,悔之晚矣,因此,班主任要把握谈话时机,精心选择最佳时间、最有利的地点和场合。

时间的选择要根据工作安排情况及学生思想状况与情绪表现而定。如学生情绪不稳,容易激动发火,此时不宜谈话;如果工作学习太忙,谈话时,学生也会心不在焉。

地点、场合的选择对个别谈话尤为重要,应由班主任根据问题性质及学生性格特点等具体情况而定。如内向的学生宜选择僻静的地点,或在家里进行;对比较敏感的问题,如早恋问题,要选择无人的谈话场合,以免引起不良影响。

（5）把握讲话的分寸,注意讲话的语气、声调和节奏。

班主任谈话,负有教育学生的责任,因而对学生的缺点、错误及存在的问题,要做出中肯的分析。要使分析合情合理,除具有一定的理论水平、思想工作经验和熟悉学生的情况外,在语言表达上也应有较高的要求。

①要把握讲话的分寸。不能夸大事实,无限上纲,也不能避重就轻,掩盖矛盾,要做到语言准确、鲜明,合乎逻辑,对问题做出判断,要有充足的理由,要符合学生的心理特点,这样才便于学生接受,切忌盲目武断、主观臆测。

②要注意讲话的语气、声调和节奏。做思想工作的谈话,语气要和缓、委婉。既不能四平八稳,如和尚念经,也不能声色俱厉,似急风暴雨。和缓、委婉的语气,会给学生一种亲切感、信任感,不会造成学生心理上的压抑,也不至于激化矛盾,便于师生双向直接交流,沟通思想,创造和谐的谈话气氛。讲话节奏要适中,太快,没有思考的余地;太慢,则缺乏生气,这些都会影响谈话效果。

（6）谈话后要采取一定措施,巩固谈话的成果,及时反馈学生的表现情况。

为保证谈话的效果，不仅要在谈话前准备，谈话时调节、控制，而且要在谈话后反馈、巩固。班主任的谈话一般对学生都会有所触动。有的把班主任的要求落实到行动中，积极进取，再接再厉；有的把班主任的话当作耳边风，我行我素；还有的可能由于逆反心理或抗拒心理作祟，不但对过去不予反省，反而变本加厉，为所欲为。对于前者，应予表扬、鼓励；对于后两种情形，就要根据新情况，再次与之谈话，并采取其他补救措施。

班主任的一两次谈话，是不可能"包治百病"的，但如果班主任能通过及时反馈，掌握了学生的心理动态，进而不断采取有效措施，对症下药，那么，谈话未解决的问题就可以在其他形式教育辅助下得到解决。只有这样，才能做好学生的思想品德教育工作，不断促进学生健康成长和保证班级工作的开展。

第六章　班主任创建优秀班集体的方法

班级是学校根据管理的需要把年龄相近、文化程度大体相同的学生分成一个个小范围的集合体。它是学校教育工作的基本组织形式，是学校教育教学的基层单位。然而，优秀的班集体不是自发形成的，它是班主任和全班学生以及所有科任老师按照一定的教育目的和教育任务，根据一定的教育计划和要求，共同努力建设成的。建设一个优秀的班集体是班主任面临的重大课题，也是班主任进行班级工作的中心环节。

第一节　班集体的含义和结构

什么是班集体？有人把组织有序的教学班看作班集体。有人认为，"班集体是一个有凝聚力和积极向上的班级学生群体。"其实，组织有序的班级仅仅提供了班集体发展的基础，班集体又不同于一般意义上的班级群体，班集体是班级群体发展到一定水平的结果。

班集体是在学校教学班的基础上，在教师教育指导和集体主义价值的引导下，在共同活动中形成的文化心理共同体。如果要对班集体的素质含义做进一步理解，还需要从三个层面去认识班集体。

1. 班集体是一个规范化的社会组织

从社会组织学的视角来看，班集体是以教学班（班级）为基础建立起来的规范化的社会组织。众所周知，教学班是班级授课制的基础，是学校为完成教育、教学任务而建立的，集教学、教育、管理于一体的组织形式。学校班级的管理目标、组织机构设置、纪律规范要求，以及教学活动的内容和方式等，基本上是先于学生而存在，且不以学生意志为转移的。这是由学校教育、教学的目标、制度所决定的。

班主任则是学校法定的班级管理者、教育者和指导者，是班级管理的主要责任人。这些对学生而言，都是外在的，学生进入什么样的班级，将和哪些学生在一起学习，对学生影响较大。

在班主任的组织、教育和引导下，班级根据学校教育的规范、要求，逐步建立起班级的组织机构和各种制度规范，形成了责任依从的组织关系，形成一支班干部队伍，开展班集体自主管理，进行各种班级活动。

但是，有目标、有组织、有规范的班级并不一定形成班集体。如果这些目标、规范不能内化为学生群体共同的目标和规范，也不能体现出班级学生群体发展的需求和特点。那么，这种集体只能是形式化的，而不能算是真正的班集体。

班集体的组织特性为应具有建立在共同愿景基础上的集体奋斗的目标，具有适应学生发展需要的组织管理制度和方式，具有适合班级特点且共同认同的规范。集体成员是班级组织管理的主体。班主任虽然是班级的教育者、管理者，但在班级中，应是一位平等的引领者。班集体的目标、组织规范既要与教育目标的要求相一致，又应具有自己组织的个性。

然而，具备班集体的社会组织学特性，仅仅是班集体形成、发展的基础和必要条件，因此，它还不能真正体现班集体的本质。

2. 班集体是一个学生的文化心理共同体

从社会心理学视角来看，班集体是一个由几十个学生组成的社会心理共同体。班级成员虽然不能相互选择，彼此原本也不一定相互认识，但加入同一班级后，在班级的共同活动和交往中逐渐形成了一种直接的人际关系，这种关系不仅是一种工作关系，更是一种情感的、认知的、道德的关系；班级内会产生各种群体舆论、非正式群体和非正式规范，产生各种冲突、压力、气氛等。这些都是群体的社会心理现象。

在班主任和教育者的正确教育和引导下，班级成员会在活动中形成和谐、真诚的人际关系和健康向上的集体舆论，在集体活动和工作中表现出凝聚力和团结性，形成良好的班风，使集体成员拥有"我们是一个整体"的心理认同感，这样，班级群体就形成了一个和谐、团结、向上的社会心理共同体。

然而，成为和谐、团结、向上的社会心理共同体仅仅是一个班集体发展的关键性条件和重要指标，并不是班集体的本质所在。

3. 班集体是一个特殊的学生主体

从教育主体论的角度来看，主体是人，而人包括作为个体的"人"和作为群体的"人"。一般意义上的群体，不一定具有自觉的主体性，而班集体是在教师引领下形成的特殊的学生主体。这里的特殊性包含以下几方面的含义：

其一，班集体是学生集体，正处在成长之中，尚不成熟和完善，但充满生命活力，需要教育者的指导和引领。

其二，班集体是一个学生集体，它不同于成人集体、军事集体和工作集体，是在教师（特别是班主任）的引导下，以学习活动为主要活动方式，以促进每个成员个性全面和谐发展为目的的集体。

其三，班集体同个体一样，具有自己的主体意识，如集体的目的意识、进取意识、集体价值意识等。具有集体特有的情绪、情感、态度、思维、知识经验、能力和精神，具有发展的巨大潜能和独特的发展过程。因而，世界上没有两个完全相同的班集体，也没有一个完美的理想的班集体，班集体总是随着学生的发展和教育要求的变化而发展变化的。

其四，班集体又是一个特殊的教育主体。班集体一旦形成，就会产生一种巨大的教育力量，对每一个成员产生持续的教育影响。同时，班集体在教育者的影响下，具有自我规划、自我教育、自我管理、自我纠错的能力，是一个发展中的具有自我教育能力的集体主体。

通过上述对班集体三层面结构的分析，我们可以发现班集体的组织目标、规范、机构是班集体存在和发展的基础；班集体的社会心理特性是把集体成员在心理上相互融为一体，形成集体主体性的关键。而班集体所具有的主体特性，才真正地揭示了班集体作为活生生的青少年学生集体的本质所在。

第二节 班集体的四大功能

班集体的功能很早就为一些教育家所认识。马卡连柯认为："集体是一种很大的教育力量。""在班集体中不用任何专门的办法，就可以发展关于集体的价值，关于集体尊严的概念。"苏霍姆林斯基指出："集体是培养全面发展个性的重要手段。"

在实践中，我们能经常感觉到集体影响力的存在，有时它甚至可以产生教育者无法企及的教育影响。但是只有当我们能科学地分析和认识班集体的功能时，才可能有意识、有效地发挥班集体的巨大的教育力量。班集体的功能主要有以下几个方面：

1. 班集体的社会化功能

班集体是一个以学生亚文化为特征的社会群体。它按照一定的社会要求，以教育目标为导向，借助课程、集体规范、交往、人际关系、班级文化等载体，对学生、青少年学生传授社会文化历史经验，指点社会生活目标，教导社会规范，培养社会角色，从而提高集体成员的社会心理素质。

由于班集体是沟通宏观社会与个体的中介，又置身于家庭、社区、校外同辈群体、大众媒介等多重社会化机构之中，所以，班集体作为一个高级形态的社会群体，具有调控社会、家庭、学校多重教育影响的独特功能，主要表现在以下方面：

（1）筛选择优功能。通过集体的信息沟通结构对环境中的社会文化信息筛选择优，强化那些有利于集体成员个性发展的因素，剔除那些对个性发展起消极作用的条件，从而优化集体环境。

（2）整合功能。集体的目标、规范和组织机构具有对集体环境中多重教育影响的加工、转移和定向的功能，从而把影响集体的多重因素、变量通过合理组合和结构优化，在多种可能性中选择集体系统的最优状态，从而改变自身和外界环境的功能。

（3）自我完善功能。集体作为一个开放系统，既要适应社会变革的需要，又要遵循个性发展规律，正是社会需要与集体成员个性发展水平的矛盾运动，推动着集体吐故纳新、健康成长。

2. 班集体的组织功能

班集体是为了教育目的而专门组织起来的教育集体。它既是班级授课制的基层教育组织，又是学生集体学习、劳动、游戏等社会活动的基本组织形式。研究表明，班集体在教育过程中的组织功能主要表现在以下方面：

（1）集体目标在组织共同活动中的指向、激励作用。正是集体目标使全体成员认同活动的社会价值和意义，进而使集体成员把活动的社会价值转变为内在的需要和动机，这是集体自我运动的源泉。

（2）集体的交往。人际关系在组织共同活动中的沟通和凝聚功能。

在学校集体开展共同活动过程中相互交往，沟通信息，形成互助、合作、竞赛、责任、服从、团结等关系。为了完成教学、教育任务，在集体中设有自我管理机构，正是学生集体的职权结构、角色结构、信息结构，成为班级教育过程得以有效实现的集体组织骨架。不断变动着的组织机构把学生轮流置于负责、从属、互相帮助的地位，成为进行真正公民教育的一种有效手段。

（3）集体的规范作为统合集体中个体行为的规则和范型，在组织共同活动和校正人际关系中，具有调控功能。它以纪律、舆论、传统、制度等手段，使班级的教学、教育和管理行为，按照一定的模式和秩序进行，保证教育质量的提高。

3. 班集体的教育功能

班集体作为有组织的社会化机构和教育过程，蕴含着巨大的教育潜能。实践表明，当班集体以正确的方法组织起来以后，就形成巨大的教育力量。个人在集体中受教育，集体是个人的老师。班集体的教育功能具有以下特点：

（1）班集体作为一个独特的教育影响源，是社会影响和教师影响的折射，它是对集体环境中教育因素的转换器，有利于集体不断开拓新的教育领域。

（2）集体有利于促进个体的认识过程和智力发展。由于认识过程本质上是一种社会过程，认识主体的认知水平取决于它对他人经验的注意程度，因此，集体组织认识活动是对学生进行最优化教学和教育的强大潜力之所在。按照学习的集体性原则，充分发挥课堂教学活动中人际交往、协作、竞争等社会心理因素的教育潜能，是提高课堂教学质量的重要途径。

（3）只有在集体教育和集体活动的背景下，教师才有可能在更大范围和多种活动中，充分运用多种教育因素，构成教育方法的系统，积极地给学生以深刻的影响。

（4）集体对个人的教育影响是通过模仿、感染、暗示、从众、认同等社会心理机制实现的，具有潜移默化的特征。

（5）班集体是一个以学生、青少年学生为主体的亚文化群。由于同辈文化为青少年学生提供了一种新的价值观与准则，并提供了作为一个独立自主的人参与活动、交往的社会情境和角色体验，所以，班集体建设不仅是一个以正式课程为媒体的教育过程，而且也是一个以学生文化为媒体的自我教育过程，具有培养学生的创新意识、批判精神和未来观念等人才素质的独特功能。

4. 班集体的个性化功能

个性化即个性的形成和发展过程。个性的社会心理学意义是指个体中整合起来的社会特征。学生集体对其成员的社会化过程，就其内容来说，就是学生的个性形成和发展过程，因此，班集体具有培养和发展学生个性的功能。

研究表明，集体不单纯是一种对学生起影响作用的教育环境，在集体建设中，学生是活动的主体，是在活动中形成各种社会关系的主体。正是在学生集体自主学习、自我教育、自我管理中，具有参照性的集体目标、价值、规范等转化为集体成员的需要、动机系统，而学生在集体人际关系中所处的地位又决定了他的态度和行为方式，在意识中形成了集体主义的思想和情感，以及在集体中自决的能力，形成个性的社会倾向系统。

因此，集体的形成过程也就是培养个性的过程。实践证明，个性的目的性、集体主义的价值观，以及个性的社会积极性等个性品质，只有在集体中培养并通过集体形成和发展。

总之，班集体的功能是一个有待我们去认识、研究和开发的领域。作为教育者应当意识到，学校教育总是在一定的集体背景下展开的，教育不能仅仅依靠教师对学生单一的教育影响，更要善于挖掘和发挥集体教育的影响力，才能提高教育的整体效能，把教育要求真正转化成学生集体自我教育和发展的过程。

第三节　班集体目标及制订依据

目标是指某一行动所要达到的最终目的，或某项工作所预期达到的某种结果的标准、状态。任何机构都为一定的目标而设立，任何一个人都为实现一定的目标而行动，任何管理都为达到一定的目标而进行。一个明确的奋斗目标，是班集体形成的标志，是班集体能沿着正确的方向发展的保证，是提高教育效益和学生学习质量的重要条件。

由于有班集体的奋斗目标，班主任可减少繁杂的班级管理工作，实现所有学生和科任教师都参与管理。有了明确的具体的目标，才有利于对工作的检查、控制和考核评价，从而保证班级工作的正常运转。

一、班集体目标的教育功能

班集体的共同奋斗目标是班集体发展的规划，是班集体教育每个成员的灵魂，它的确立，显示出巨大的教育功能。

1. 指向功能

班集体的目标是为班集体树立的方向标，它对全班学生的活动、行动具有指引作用或指向作用。它能把全班同学紧密地联结在一起，使他们自觉地或不自觉地按照这个目标要求自己的思想、行为，及时纠正和调整每个人可能出现的偏差，使之朝着共同的努力方向前进。正确的合适的集体目标能引导班级活动沿着正确的轨道前进，顺利实现教育教学任务，减少不必要的失误和少走弯路。相反，错误的或不恰当的班级目标，则会使班级活动偏离正确的轨道。

2. 推动作用

班集体的奋斗目标一般是要经过全班同学的共同努力，克服一定的困难，经过一定时期才能够达到的，不是轻易能够实现的，不然也就失去了作为目标的意义。而且作为目标它一般代表着一种美好的前景，具有很强的吸引力和鼓舞力。

正因为这样，班集体目标常常能够激发每个学生的热情，激励他们为之而不懈奋斗，哪怕是遇到很大的困难，在目标的激励下，通过全体学生的相互激励，往往能够取得非常理想的成效。这就要求班集体的目标确立要征得全班每个同学的支持和理解，符合他们的实际。

3. 评价作用

目标的评价作用是指目标为评价工作成效的大小、质量的高低提供一个可供参考的尺度。评价既包括终结性评价，即一个阶段目标的时期结束后，班主任对这一阶段的目标是否完成进行总结和评估；也包括形成性评价，即在目标实现的过程中，不定期地对工作进行评估，以便及时发现存在的问题，纠正工作中的偏差，找出解决问题的办法。

当然，评价既有全体进行的评价，也有学生与学生之间的评价、教师与学生之间的评价，或每个学生对照目标进行的自我评价。

二、制订班集体目标的依据

班级目标是在班主任的带领下,发挥广大科任老师和同学的积极性而确定的,是一个主观与客观统一的过程。这个过程是一个研究上级要求、社会环境、主客观条件,并经过分析论证而产生的。确定班级目标的主要依据有:

1. 依据上级的要求

主要是根据教育方针、政策和法规,根据上级教育行政部门的目标和下达的任务,根据学校的总的目标要求。这些是制订班级奋斗目标的重要依据,只有从这个依据出发,才能使班级目标与上级要求相符合,保证目标的正确性。

2. 依据社会调查

全面而系统地了解当前社会政治、经济和科技的发展对人的要求,了解当前社会环境、社会风气的变化对学校教育的影响等。根据这些情况,认真分析,做出相应的决策。

3. 依据全班同学的实际状况

班级集体目标是全班同学的奋斗方向,是要每个同学通过不懈的努力都能够实现的目标,因此,班主任在制订这个目标时,一定要了解全体学生的状况,包括每个学生的成绩、思想品德和生活状况,从而确定适合的基本目标,在此基础上还可以制订一个更高要求的目标。

总之,一个班集体的目标,它既不是无法达到的,也不是一下子就可实现的,必须准确地反映出全体学生的实际。

4. 依据主客观条件

以班级的主客观条件为依据的目标才是可行的。班级的主客观条件,包括人力、物力、财力、环境等因素。要对班级里学生的特点、思想状况、工作基础及本班的办学条件和周围环境进行翔实的分析,在此基础上制订出既充分发挥优势又针对薄弱环节的略高于现有能力的目标。

5. 依据科学的理论指导

所谓科学的理论依据,是要求在科学理论、正确思想的指导下,制订班级管理目标。科学的理论主要包括教育学、心理学、管理学等与教育教学有密切关系的学科原理。科学的理论能帮助班主任在制订班级目标时,知道应该做什么、怎样去做、怎样去做才能获得最优效果，使班级门标的制订更科学、合理，使班级管理工作按照教育规律和管理规律循序发展。

第四节　确定班集体目标的原则及方法

班级集体目标是学校目标的具体化。它要受学校总目标的制约，学校总目标决定着集体的奋斗目标，提出班级集体奋斗目标要以学校总目标为依据；班级集体目标影响着学校总的目标，实现学校总目标要以班级集体目标的实现为保证。

一、制订班级目标的原则

1. 全面与重点相统一

所谓全面，是指班主任提出班级集体奋斗目标时要考虑到班级的全面工作，全面体现班级的基本任务，使班级的各组织和每个成员都有明确的目标要求。所谓重点，是指提出班集体奋斗目标要抓班级工作的主要矛盾，突出重点，不能包罗万象、面面俱到，要使提出的奋斗目标既能体现全面要求，又抓住了重点。

2. 一致与灵活相统一

所谓一致，是指提出班集体奋斗目标要同国家的教育目标、上级教育行政部门的教育目标、学校的教育目标保持一致，子目标与总目标保持一致，以保证上级目标和学校目标的实现。所谓灵活，是指提出目标时要从班级学生集体的实际出发，充分发挥本班的优势和长处，使提出的目标有一定的弹性。也就是说，班主任在提出奋斗目标时，既要能保证上级目标和学校目标的实现，又要能充分发挥本班学生的主动性，使之能更加好地完成教育任务。"灵活"不能与"一致"相冲突，"灵活"应是为了更好地实现"一致"的要求。

3. 整体与个体相统一

提出班集体奋斗目标，不是班主任说了就算，而应充分启发学生，发扬民主，发挥班级整个集体的智慧和力量，提出多种方案，择优决策。这样在确定班集体奋斗目标时，既能保证集体目标的质量，又能重视学生个人目标的实现，把二者很好地协调起来，保持基本方向的一致，以利于真正激发学生实现班集体奋斗目标的积极性和主动性。

4.定性与定量相统一

班级目标不是一句空洞的口号，应该让学生看得见、摸得着，做到努力有方向、检查有依据、考核有标准。因此，目标最好具体、明确，多用量化的指标，对于难以量化的，则可用定性的描述，有时一些定量的指标也还需要有定性的说明。总之，使定量与定性有机结合起来，使目标更能够被全体同学所理解和执行。

二、制订班级目标的方法

制订班级目标的方法可以说多种多样，每位有经验的班主任都有一套自己的方法。一般说来，以下两种方法是用得比较多的：

1.师生共商法

对于一个发展状况良好的班级，一般宜采用这种方法。其一，它可以集思广益，使目标的制订更切合班级的实际，增强可行性；其二，它可以满足学生的情感需要，增强目标对学生的激励性；其三，它可以使学生和班主任沟通情感，增强师生之间的合作，形成很强的凝聚力；其四，共商的过程是师生间相互了解的过程，是老师理解学生的过程，也是学生自我教育的过程，从中可以培养学生自我调整、自我教育的能力。

2.班主任定夺法

班主任定夺法是班主任做出决断，向班级提出要求以作为班级为之奋斗的目标。这种方法有很大的局限性，突出表现在不利于调动班级成员的主动性和积极性方面。即使如此，班主任做出决断时，也必须深入学生中去进行细致的调查研究，尽可能全面了解并领会学生的愿望和要求，在目标提出以后还要反复地讲解、动员，使目标逐步转化为学生的自觉努力方向。

第五节 制订班集体目标的注意事项

一、要形成一致的目标系统

一个班集体中可能有许多种目标，既有总的目标，也有分目标；既有班集体的目标，也有小组目标和个人的目标；既有长期目标，也有中期和短期目标。不管何种目标，在一个班集体中，这些目标的实质都应使班级各个组织和每个学生都能努力实现班级整体目标，又使班级的各个组织目标和学生个人目标都能一致，形成一个有机的系统。

班级目标系统的一致，主要表现在三个方面：首先，班级目标与学校管理目标的吻合；其次，班级管理的整体目标与班级各组织目标的一致；最后，班主任与学生在目标上的一致。这就要求全班每个学生，不仅要了解个人的学习工作目标，还要了解自己所在的学习小组和其他学习小组的目标，更要明确班级的整体目标。

要做到这一点，班级中每个学生都要参与决策，才能制订出一个共同认可的整体目标，并以此确定各自的基本目标。为使班级管理目标取得一致，班主任不仅要协调学生个人、学习小组与班级目标，还要搞好纵向、横向、总体的协调。

二、要科学地排列目标的优先顺序

班主任要根据自己的经验以及面临的任务和各项目标的地位、价值及其相互间的关系因素，确定什么是主要目标、什么是次要目标、什么是必须达到的目标、什么是希望达到的目标，并确定实施的优先次序、步骤、途径和手段，使各项工作都围绕班级的整体目标，在各自的目标轨道上前进。

三、要制订评价目标的达到标准

目标的实现是以一定标准来衡量的，用不同的标准来评价某一目标的实现情况，会得出不同的结果，因此，在制订目标后，还需要明确将来评价此目标实现程序的一个标准体系。怎样算是完满实现了，怎样才是合格，如果可能，还需要分出优、良、中、合格与不合格几个等级的评判标准。

制订目标的评价标准应注意三个问题：一是要制订出明确、具体的目标标准体系；二是要尽量使目标标准数量化、指标化或等级化；三是要有衡量目标达到的具体方法。对于不能量化的，应根据实际情况制订出具体的规范标准，或与其他班级横向比较的相对标准，或实施的进度目标，作为检查、衡量的依据。

以下是一个优秀班集体在班主任和全班同学的商议下制订的长期、中期、短期目标：

1. 长期目标

（1）在学校"教育为本，学习为主，全面发展，学有特长"的教育思想指导下，学会做人、学会求知、学会生活、学会健体、学会创造，做一个爱祖国、爱家乡、爱学校、爱父母、爱老师、爱班级的人；

（2）全班同学都要认真刻苦学习文化科学知识，达到人人升级、人人毕业，人人达到高一级学校要求的水平或具有从事职业活动的一技之长；

（3）全班同学都要达到体育锻炼标准，人人都掌握一种运动的方法和规则，人人爱清洁，人人讲卫生，尤其是要重视用眼卫生，没有新的近视发病者；

（4）自尊自重，互敬互爱，人人在班内有受人尊重的地位，也有必须尊重他人的义务，使人人在班里都感到温暖和愉快；

（5）人人都要以实际行动为班级增光添彩，力争成为全校执行《中学生守则》《中学生日常行为规范》最好的班级；

（6）人人都有自己的兴趣和爱好，热爱劳动，基本做到都会一至两种小制作，都能讲普通话、写规范汉字，都能掌握文明礼仪并身体力行；

（7）在班主任和团队组织的指导下，集体的事由集体讨论决定，班委会、团、队的事，都由自己管理，活动由自己开展；

（8）半年内达到学校良好班集体的水平，一年内达到区优秀班集体的水平，三年内达到市级优秀班集体的水平；

（9）人人都有为集体、为他人服务的岗位，坚持为班级、学校、他人做好事。

2. 中期目标

班主任把班级计划中一年建设班集体的目标任务让学生画了一幅画，画面上画着一棵苹果树，树干上写着"一年内建设成班集体"，树枝上挂着15个苹果，每只都分别写上一个要求，这就是一年建成班集体的 15 条要求，其中 6 个已经涂上了黄色，说明已经做到了。这就是形象的班级中期目标。

3. 短期目标

（1）全班行动平整操场一次，掀起体育锻炼高潮，在 11 月上旬举行的全校秋季运动会上誓夺年级组前二名；

（2）在教室里设置痰盂两个，由值日生负责刷洗，坚决消灭随地吐痰的恶习；

（3）购置暖瓶、茶杯，在班上推行尊师一杯水活动，由各科代表给每位前来上课的老师敬开水一杯；

（4）每次下课以后请老师先行，尤其是下午第四节课，无特殊情况，同学们不得先于老师离开教室；

（5）秋冬之际，白天逐渐缩短，要杜绝上午第一节课出现迟到现象（特殊情况除外）。

第六节　制订并执行班级规章制度

班级规章制度是班级集体为实现共同奋斗目标而制订的规则、准则，它是班集体按一定程序办事的规程，也是集体中每一个成员必须遵守的行为准则，以保证班集体的奋斗目标顺利实现。一个班集体为了管理需要、教育需要和形成良好班风的需要，必须从本班的实际出发，结合校规校纪，制订出切合实际的规章制度，并要求学生严格遵照执行。

一、班级规章制度在班集体形成发展中的作用

班级规章制度实质上是社会规范在学校生活中的具体表现形式，也是班集体形成和发展的准绳。一个班集体是否已形成，在形式上可以看它有没有班集体成员共同遵守的严格的规章制度。严格的规章制度从正面告诉班集体的每个成员应该做什么、怎样做，因此，它对班集体的形成和发展具有重要的作用。

首先，它具有导向作用，引导学生遵守一定的规章制度，培养学生的组织性、纪律性，以严格的自觉的组织纪律促进集体凝聚力的形成和增强，使班集体沿着

正确的方向发展。

其次，它具有约束作用，约束学生的言行，不能违背班级的规章制度，让学生按一定的规章制度要求自己，锻炼顽强的意志，并养成严格要求自己的好习惯，以此增强班集体的战斗力。

规章制度的执行，要与说服教育相辅相成，它与正面的舆论宣传、良好的班风影响相结合才能充分发挥其约束作用。

二、班级规章制度的内容

班级规章制度的内容包括学习、生活、各项活动的规范。大致有四个方面的内容，即学生在校学习、生活的常规制度；为建立班级良好的教学秩序而制订的课堂纪律及评比制度；按照国家的有关规定，帮助学生妥善安排一天时间的学习、生活、睡眠的规定；清洁卫生制度，包括室内、室外环境的清扫和保洁。

上述四种制度都不可缺少。其具体名目有作息制度、卫生制度、住校生活制度、课外活动制度、团队生活制度、班级干部责任制、班主任职责、体育锻炼制度、优势班级别标准、奖惩制度、课堂公约、寝室公约等，这些制度可以帮助学生有规律地学习和生活，提高学习和生活的效率与质量，使学生德、智、体的全面发展得到保证。

三、制订班级规章制度的程序

制订班级规章制度的过程，就是组织学生共同学习、讨论，从正面对学生进行组织纪律教育，不断提高学生组织纪律性的过程。在这个过程中应注意以下几点：

1.制订班级规章制度要体现国家教育方针政策的要求，要符合学生的特点和班级的实际情况。要组织学生学习有关规定，并结合班级的实际情况组织讨论，以提高对所制订的规章制度的认识，形成共识，成为内驱力，使其具有权威性。这些规章制度既不能与学校规章制度相违背，又应有利于学校规章制度的贯彻执行；既要考虑到在本班的有效性，又不能影响其他班级的学习和生活；既要强硬，有惩罚措施，又不能违犯国家教育法规，错误地规定有关体罚、变相体罚等一系列的条文。

2. 制订班级规章制度要经过全班师生的反复酝酿，认真研究确定。内容要明确具体，条规要科学合理，文字要准确简练，易懂、易记、易行。

3. 制订班级规章制度态度要严肃、慎重，有关规定要有相对的稳定性，不能朝令夕改，否则会丧失规章制度的权威性，使学生无所适从，以致造成班级秩序混乱。

4. 班级规章一经制订，就应组织学生反复学习，坚决贯彻执行，使其成为学生的行动指南，并通过检查督促、评比、表彰等措施落实，使其充分发挥规范学生行为、调节各种关系、形成和巩固班集体的作用。

5. 在执行规章制度的过程中，要坚持思想教育为主，决不以规章制度代替班主任应做的思想品德教育工作。并在执行过程中根据实际情况不断完善规章制度，使其成为既全面又具体，既科学又可行，并能产生实际效果的好规范。

第七节　建设良好班风的方法

班风，顾名思义，是指一个班级稳定的具有自身特色的集体作风，又称为"组织人格"它既具有一般社会规范的普遍性，又具有班级的独特性，从一定意义上讲，班风就是特定班级个性化的社会风范。

良好的班风是良好教育情境的重要表现。所谓优良班风主要表现为：整个班级积极进取，奋发向上，好人好事有人做、有人夸，不良倾向有人反、有人抓；学习目的明确，人人勤奋好学，个个学有所长，互帮互助，严守纪律，团结友爱；课外活动内容充实，多姿多彩；学生的主动性、积极性、创造性和主人翁精神获得充分发挥。

良好班风是要通过长期的培养才能产生的，不是靠一朝一夕的突击行动来达到的，也不是单单依靠几项制度规定所能实现的，而是需要通过正确的方式和方法，加以积极引导，逐步形成的。良好的班风要通过以下几个方面的建设来形成：

一、引导形成正确的班集体舆论

正确的集体舆论，是指在集体中占主导地位的、能够扶持正气、伸张正义、遏制错误思想和行为，阻止不道德的现象的意见和言论。正确的集体舆论是班集体自我教育的重要手段，也是衡量班集体是否形成的一项重要标志。

实践证明，正确的集体舆论是促进健康和进步的因素，克服和纠正消极的和错误的东西，从而帮助学生明辨是非，激发他们的集体荣誉感和责任感，有利于维护集体的利益，巩固集体的团结，形成良好的班风。每个班主任都应该十分重视集体舆论在班风建设中的作用。

1. 加强对学生的正面引导、教育

对学生的教育必须坚持以正面引导和说服教育为主，这是一条教育的原则，符合青少年发展的规律。青少年正处在世界观的形成时期，他们的社会实践经验少，是非判断能力差，因此，对他们要着重从正面引导。

青少年朝气蓬勃，积极向上，对他们进行正面教育，他们容易接受。对学生进行正面的引导和教育就是要培养学生积极向上的进取精神，使集体中的大多数人，至少使班级中的骨干和积极分子树立坚定正确的是非、善恶、美丑、荣辱等方面的观念，具有比较强的识别判断能力，为正确的舆论形成打下坚实的基础。

2. 在活动中培养正确的集体舆论

正确的集体舆论只有在集体活动中才能得以形成。班主任要通过文娱活动、体育竞赛、社会实践、义务劳动等活动，培养学生对集体的荣誉感和责任感以及为集体增光添彩的良好习惯。

在活动中有目的地联系学生的思想实际，提高他们的思想觉悟，如通过组织学生以小组为单位为班集体、为学校、为社会做好事，培养其为人民服务的思想，通过贯彻《中学生日常行为规范》，狠抓文明礼貌教育。通过开展丰富多彩的课外活动，使学生懂得什么是错误的应该反对和避免，什么是正确的应该学习和坚持，从而规范自己的行为，逐步养成良好的行为习惯。

要充分运用舆论阵地，诸如班会、团队活动、墙报、黑板报、思想评论等形式，针对班内、学校或社会上出现的一些现象，开展评论，对大家关心的问题展开讨论，扶持先进，维护正气，抵制歪风邪气，建立正确的舆论阵地。

3. 发挥榜样的作用

教师是学生心中的表率，首先要发挥好教师的榜样作用，特别是班主任的榜样作用。古人云："其身正，不令而行；其身不正，虽令不从。"自身教重于言教，教师的美好言行会给学生以潜移默化的影响。例如，班主任要提高学生的辨别是非的能力，那么，班主任在是非、善恶面前就必须态度鲜明，不能似是而非或模棱两可。

在注意发挥班主任自身榜样作用的时候，往往第一印象、第一次行为会给学生带来很深的影响，因此，班主任要懂得学生的心理活动规律，注意处处事事开个好头。比如，班主任上任要从工作的第一天抓起，作好第一次讲话，办好第一件事，处理好第一个问题，开好第一次班会，等等。

发挥好榜样的作用还要树立好学生中的榜样形象，因为学生中的先进典型与学生比较接近，容易模仿，因此，班主任要抓典型、树样板。有了好的典型，就可通过他们去带动其他同学，扩大积极分子队伍。

典型的培养应是全方位的，如有三好学生典型、关心集体典型、学习积极分子典型、拾金不昧的典型、体育锻炼典型、助人为乐典型、后进变先进典型等。这样通过一个一个事例的积累，良好之风就会在班上逐步形成。

要善于运用表扬、批评等教育手段，表扬和批评是班主任在班级管理中经常使用的一种激励手段。合时、适当的表扬和批评对于形成良好的班风是十分必要的。表扬是通过对学生良好品德与行为的肯定、提倡和鼓励而进行的正面、积极的教育，是发现美、倡导美的教育形式。批评是通过对不正确的思想与不良行为的评判、揭露，从而引起学生警觉和制止错误的一种强化教育手段。

表扬能给人一种向上的精神满足，增强自信心，进一步发扬自身优点，克服缺点。批评能使犯错误的学生改正错误，更快地进步。但表扬和批评一定要使用得当，讲究艺术，不然就难以达到预期效果，甚至会适得其反。运用表扬手段时，要注意做到以下几点：

1. 表扬中有爱

运用好表扬这一方法的前提条件就是爱。学生有丰富的情感，老师要真正爱他们，关心他们，他们就会像依恋自己的父母一样地依恋老师、接近老师，老师的话也就容易打动他们的心。班主任表扬学生，要发自内心地对学生的某些良好品行或点滴进步感到真诚喜悦，这样才能更加激励他们发扬自身的优点。

2. 表扬中要体现出更高的要求

任何一位学生在其内心都有一种积极向上的需求，都有一种渴望得到别人赞同、肯定的愿望，如何充分调动他们这种真诚的需求和愿望，班主任在表扬中就要有意识地提出新的要求使其加速达标。如在对某一学生单纯从学习上提出更高要求并不一定奏效，而当他在其他方面有突出表现时，班主任在给予肯定表扬时不失时机地提出学习上的较高要求，往往会起到良好的效果。

3. 为学生创造受表扬的机会

对于暂时后进的学生，若等他们有了优点再表扬，那他们被表扬的机会就太少了。班主任应主动去帮助他们，使之在某一方面获得成功。

4. 表扬要面向集体

一个班集体有几十人，班主任的表扬不能只限于班级中的部分学生而要面向全体。班主任如果只是经常表扬少数几个学生，而忽视大多数学生的进步，就会使一些学生认为班主任有意偏爱，造成同学之间的妒忌、不服气，从而影响班级的凝聚力，极不利于良好班风的形成。即使在表扬某个学生时，也要强调他是为校、为班争了荣誉，放在班级中表扬，做到表扬一个，鼓励一群。

5. 寓表扬于无意之中

对资质较差的学生，班主任要扬长避短，尽量寻找他们的优点，很自然地把表扬流露于无意识的言语、表情之中，使其及时尝试到成功的喜悦。对于那些长期未受表扬而处于压抑状态的学生，班主任要采用间接暗示的方法，通过其他同学传递对他们的优点、进步加以肯定、赞扬的信息，这样可缩小其与班主任心理上的距离。

6. 在关键的时候表扬

青少年都有强烈的表现欲，想让别人知道自己具备的能力。当学生取得成绩时，渴望得到老师的肯定，认识他的价值，肯定他的价值。如果老师能及时发现，并予以肯定，学生要求进步的动机就会得到强化，否则，他们会低估自己的能力，并使原有的正确动机逐渐消失。再如学生遭受挫折时，班主任老师更要体贴关心他们，认真帮助他们总结失败的教训。

现在大部分学生都是独生子女，没有经过什么挫折，意志比较薄弱。此时，只要老师及时发现他们的优点，帮助他们找回曾经拥有的成功的喜悦感，鼓励他们对前途充满希望，重新树立自信心。

7. 采取不同的表扬形式

语言式：用热情的具有鼓舞性的话来表扬学生，这是大部分教师表扬学生的方式。这种表扬具有直接性，对于部分性格外向的学生作用很大。

表情式：性格外向的学生大都喜欢热情的语言表扬，而性格内向的学生却不一定能够接受这种表扬。倒是一个眼神或一个感情丰富的表情能够起到意想不到的效果。

在采取批评手段时，同样要注意遵循如下的原则：

1. 批评要准确

班主任对学生的批评教育，最重要的就是掌握准确的事实，做到实事求是。在批评之前，一是要对问题或错误的责任掌握准确；二是要对问题或错误的性质、影响把握准确；三是要对发生问题或错误的过程及细节掌握准确；四是要对犯错误学生的心理状态和他们的一贯表现掌握准确。只有这样，批评才能有的放矢，被批评的学生才能心悦诚服，其他学生也能从中受到教育。

2. 批评要入情、入理、入心

"入情"就是批评应具有情感性，以情感人。班主任对学生的批评应建立在对学生关心和爱护的基础上。以平等的态度，以关怀、爱护的口气，诚心诚意地帮助学生，引导学生平心静气地认识自己的错误，进而鼓起勇气改正错误。"入理"就是批评应该讲理，以理服人，而不是以势压人。通过摆事实，讲道理，使学生心服口服。"入心"就是批评学生要注意师生之间的心理的协调，首先是保护学生的自尊心，并使学生感到老师的批评确实是为他好，是诚心希望他进步。

3. 批评方式要合适

根据学生问题或错误的性质、大小、程度、影响以及学生个性特点的不同，班主任要采取不同的批评方式，以求达到最佳效果。

渐进式的批评。批评要有层次，逐步深入。对自尊心较强的学生使用这种方法较好。

启发式的批评。以暗示为主要手段，用提醒、启示或提问之类的语言与被批评的学生交谈，也可用微笑、眼神、动作提醒学生，以示批评。对于善于思考、性格内向、思维敏捷、疑虑较重的学生用此法较合适。

商讨式批评。班主任可用商讨问题的态度，把批评的信息传递给被批评者。这是一种较为缓和的方式，它适合于反应快、脾气暴躁、否定心理明显、行为被情绪左右的学生。

对比式批评。借助他人、他事的客观形象，运用对比，烘托出批评的内容，使被批评者感到客观上的某种压力，认识到自己的缺点和错误。这种方式适用于经历浅、自我觉悟和自我意识稍差、理智感较弱、不易感化的学生。

表扬式批评。通过表扬的手段达到批评的目的，这种方式的运用，可让学生在愉快的心境中接受批评，感受正面教育，进一步感受集体的温暖，逐步实现缺点的转化。

总之，只要班主任正确使用表扬与批评这两种手段，就能够使学生更加自尊、自信、自律，就能把一个班级建设得更加有凝聚力、向心力，积极进取、团结向上等一些好的班风就能逐步形成。

第八节　搞好班级文化建设

良好班风的形成，与一个班的班级文化建设颇有关系。如果说文化在本质上是人创造出来的生活方式，那么班级文化就是班级中教师和学生共同创造出来的生活方式。

班级中学生除了学习已经规定好的课程之外，他们正是有追求、能创造的人。在国家规定的课程计划下，在使用统编教材的学校里，学生所要学习的东西几乎没有什么差别。但是有的班级具有团体的凝聚力，有的班级则散漫混乱，有的班级追求学术，有的班级则可能追求艺术与体育，等等。这就是不同的班级文化，不同的班级生活方式。

班级文化的核心是价值观，还有确保实现这一价值追求的规范。

班主任应该怎样来建设班级文化呢？

一、班级文化建设首要的是建设起一个统一的价值体系

学生在学校中学习，随着年龄的增长，越来越受到自己价值追求的制约。因此，学生的学习活动在本质上也是学习者价值追求的活动。

然而班主任既不能一一指点，更无法规定班级成员的价值追求。但是，在一种文化体系中，价值追求作为文化核心，却无形地左右着该文化体系中成员的行动。聪明的班主任不是简单地教导学生应当追求什么，而是通过班级文化价值体系建设，使学生乐于遵循这一价值体系。一种积极的价值体系能否为班级全体成员接受，关键在于班级中的每一成员是不是都能通过这一追求获得自身积极的发展。

许多班主任总是偏爱那些发展较好的学生，而埋怨发展较差的学生。其实，我们应当想一想，作为班主任是否对有着不同追求的学生，创造了获得同样满足的条件呢？个体间的差异、生活的丰富多样性，要求教育者允许受教育者在积极发展自己的前提下可以有多样性的发展，这样一种文化环境才是班级每一成员都能获得满足自身的班级文化环境。

班级文化建设当然也是班集体建设，但是它同一般的或以往的班集体建设的观念有所不同。以往的班集体建设，首先着眼的是"班集体"的形成，而班级文化建设，应该着眼于个体能够从班级文化中获得发展出发，考虑怎样的文化环境才是有利于班级成员积极发展的文化环境，而且怎样才能使班级每一成员在这一文化环境中最好地占有有利于自己积极发展的文化资源。

二、班级文化建设要与课程文化相协调

班级教育的事实表明，学生在班级中并不只是学习课程中的东西，他们也在其他潜在课程的影响中学习并获得发展。但是，班级文化建设并不是否定了课程的文化影响。课程影响仍然是主导个体发展的因素，当然也是班级文化建设的主导方向。

班级文化建设作为对潜在课程的把握，对隐性影响的把握，并不是要在班级教育活动中，让学生背离按照社会要求制订出来的显性课程文化的价值导向与规范。这只是说显性课程文化作为学生发展的重要资源，对班级成员来说，只有通过特定的班级文化才能够有效地占有。

对个体来说，显性课程文化作为影响个体发展的资源，并且作为经过选择与精心组织的资源，是最有价值的资源，但是个体必须在班级文化的条件下才能够占有这些资源。

在同一个班级里生活的学生，虽然看似接受同样的教育，教育者给他们提供了同样的教育资源，其实在特定的班级文化结构中，班级成员占有显性课程文化资源的地位是不平等的，在"冲突"的班级文化中，个体与显性课程文化可能处于对立的状态。一种使得每一个体与显性课程文化协调的班级文化，也是班主任在班级文化建设中必须积极追求的。

班级文化是由一个班级中的教师和学生在特定的时间与空间中，在交往活动

中创造出来的。在师生的各种交往中，在同伴的各种交往中，一种意见、一个神态、一种行为方式，尤其是班级里由群体创造出来的一种气氛，等等，它们构成了班级与班级之间的差别。

三、班级文化建设要科学设计，恰当调控

健康高雅的班级文化是班风的外在表现，是优秀班集体的重要表征。它具有陶冶情操、健全人格等多方面多层次的教育功能。班级文化建设要通过科学设计、精心装点、恰当调控，才能够起到优化班风的建设。

1. 开展健康的活动文化与行为文化

它是指在教学中，对学生开展有教育意义的文化活动。例如开展文艺活动、节日纪念活动、演讲赛、主题班会等。在诸类有意义的活动中，形成各种认同意识及正确舆论导向，培养学生良好的行为习惯和健康的约束机制，使健康向上的意识转化为学生的内驱力来影响其心理与行为。

2. 创建和谐的教室文化

教室是学生获取知识的场所，是开展班级活动、获取各种思想的主阵地。积极和谐的教室文化，对学生具有重要的育美作用，对于学生的心理健康、个性发展具有积极的暗示作用。如悬挂名人字画，开辟丰富多彩的学习园地，创办各种知识性、趣味性的手抄报，教室环境一尘不染、摆放一盆鲜花等，都是教室文化的重要组成部分。

第七章　学校班级文化建设管理

第一节　影响班级文化建设管理的因素

一、社会消极思想的影响因素

社会消极思想是影响班级文化建设的重要因素。班级文化建设并不是一个封闭的系统，它与社会环境之间存在着密切联系。班级文化建设的主体、客体及其活动总是存于一定的社会环境中，社会环境作为一个多层次、多要素的复杂系统，对处于特定成长阶段的学生有着全面而深刻的影响。

（一）社会转型带来的思想碰撞

目前我国正处于社会转型期，必然引起思维领域多元价值观并存且相互冲突的现象，这对思想意识还不成熟的学生产生了不同程度的负面影响。新时期下的学生强调个体在社会活动中的主体性和独立性，大胆追求个体利益和个人需求，普遍凸显个性意识和自我意识，对于政治关心不够，忽略班集体的总体价值追求。同时，开放的世界环境为文化多元交流提供了机会，一些不正确的价值观念、生活方式，使得学生的传统道德体系受到冲击，拜金主义、享乐主义、个人主义不断萌生，使一些学生的价值取向发生变化、扭曲，甚至与班级主导价值观相割裂，产生了严重的信仰危机。

（二）良莠不齐的网络信息的影响

网络是现代社会生活中人们接触最多、传播信息范围最广、最为普及的工具，网络的负面作用极为深刻地影响了班级文化建设。学生则是网络使用的生力军，互联网已经和学生的学习、生活紧密地联系在一起。一方面，网络丰富了学生的知识来源，扩大了学生的交往范围，增强了学生的现代意识，加速学生社会化的进程，有利于他们的成熟和成长。另一方面，互联网提供了巨大的信息资源，内容纷繁复杂、良莠不齐，其中既有对学生有益的信息，又存在对学生有负面影响的信息。同时由于学生价值心理不够理性、价值评价标准不够确定，导致他们的价值取向功利化和多元化，产生了价值观困惑。此外，关于学生网瘾等网络使用问题也日益引起人们的关注。

二、学校内部的不良因素

学校是学生生活、学习的主阵地，对班级文化建设的影响最为深刻。

（一）学校的观念影响

学校的办学思想、管理水平、教育理念等无一不对班级建设具有巨大的影响。学校管理目标会限制和影响班级建设的目标，目前的学校普遍片面强调升学率的应试教育，这会对班级建设产生明显的负面影响，学校的文化氛围等也会对班级建设产生影响，比如整洁的校园和丰富的文化生活会对班级建设产生正面的积极的影响，反之则会给班级建设增加困难。

（二）学分制改革给班级文化建设带来了影响

目前，一些院校学分制改革对这些院校班级文化形成及其建设具有双重影响。《中共中央关于教育体制改革的决定》明确指出："积极'实行学分制'等各种教学制度改革的试验以来，学分制作为一种较为先进的教学管理制度被越来越多的高校实行。"学分制充分体现了"以学生为主体，尊重个体差异，注重个性发展"的现代教育理念，是一种更为先进的教学管理制度。在学分制下，学生可以打破专业和年级的界限，根据自己的志趣、特长、能力进行跨专业、跨学科、跨年级选课，这充分调动了学生的积极性，有利于提高教育对象的综合素质，并将其培养成具有创新精神和实践能力的复合型高级专门人才。同时，学分制也有助于激发教师的教学积极性，提高教学质量。但是，学分制条件下，学生跨专业、跨年级，甚至跨学校选课，同一班级的学生有可能选择不同的科目，这就造成一种"同班不同学，同学不同班"的现象。由于所选课程或所选教师的不同，同班级的学生往往被分散到不同的教室上课，同一班级的学生上课的时间是不一致的，所以他们的业余时间也是不一致的。这些使得各种班集体活动的开展失去了空间上的依托和时间上的保证，使得传统的行政班级观念淡化，学生的班级意识、班级概念、凝聚力和集体观受到冲击，给本专科院校班级文化建设带来了挑战。

（三）学校扩招带来的影响

各类学校扩招及后勤管理的社会化给班级文化建设带来了一定的影响。我国正紧锣密鼓地进行着基础教育和高等教育改革，学校连年扩招，这使得班级的数量增加，原来一个班主任或者辅导员负责几十个学生的管理，现在要同时管理好几个班、数百个学生。这就给负责人的工作带来不便，负责人的精力有限，很难全面了解学生的个性特征与发展需求，在班级建设中也很难顾及所有学生的利益，所以给班级文化建设造成阻力。学校后勤管理工作也产生了变化，特别是学生生活社区的规模、管理模式逐渐社会化。尤其是在本专科院校，同一班级集体中的成员，可能居住在不同宿舍、不同社区，甚至还有可能在校外，宿舍成员之间往往形成一个独立的小群体，他们往往脱离班级的集体生活。新情况的出现无疑给辅导员、班主任的工作，以及班级集体活动的开展带来了挑战。

三、家庭教育的影响因素

父母及其家教方式和家庭环境通过影响学生而深刻影响班级文化的形成及其建设。

（一）家长的教育方式

俄国作家托尔斯泰说过："教育孩子的实质在于教育自己，而自我教育则是影响孩子最重要的途径。"家长是孩子的第一任教师，父母的兴趣爱好、个性特征、文化水平、道德修养都在潜移默化当中影响着子女，家长不同的教养方式会培养出不同的人格特征。父母过于专制容易使子女形成自卑、懦弱、冷漠等消极情绪，对父母产生强烈的不满情绪，造成亲子关系的紧张，有的甚至会产生不能克制的逆反、攻击和冲动行为。他们会把这些消极情绪带入学校生活中，使自己在学习、生活方面倍感受挫，为一些悲剧的发生埋下了隐患。而和睦融洽、民主平等的家庭氛围有利于子女充分发展个性，培养独立性和自信心，他们在学校中也善于交往、富于合作、思想活跃，能快乐地融入集体生活，形成乐观开朗、积极向上、坚强果敢的性格，在学校里健康成长。

苏霍姆林斯基说过："如果家庭没有高度的教育学素养，那么不管教师付出多大的努力，都收不到完满的效果。"因此，家庭教育理念、教养方式、家庭氛围、家庭成员的生活方式和价值观念与学生的性格形成、人格完善、社会认知、价值判断和行为选择都有着直接关联性且相互影响，并把这种关联与影响延伸到学校与班级的建设中。

（二）家庭的经济条件

不同家庭经济背景下的学生，其人生观、学习观、生活观、社会价值观也有着明显的差异性。

家庭条件优越的学生有两种倾向，一种是自信、有上进心，他们充分利用家庭给自己提供的优越条件，不断地充实、提高自己，他们往往有着较高的交往能力与社会实践能力，综合素质很高，往往成为班级中的核心人物与领袖人物。另一种倾向是为人孤傲、目空一切，没有理想、没有抱负，他们习惯于将优越的家庭条件当作炫耀的资本，整日无所事事，思想上不思进取，学习上不求上进，认为自己拥有了一切。这部分学生常常目无法纪，思想、行为偏激，逆反心理强。

家庭条件贫困的学生也有两种倾向，一种是比较有进取心，更加珍惜难得的学习机会，也希望通过学习去改变自己的命运。他们勤奋刻苦，化压力为动力，这部分学生往往是班级中的学习骨干与精英分子。另一种倾向是一小部分家庭条件贫困的学生瞧不起自己，自暴自弃、怨天尤人，表现出强烈的自卑感，不愿与人沟通、交流，不愿参加班级组织的集体活动，有的甚至把自己封闭起来。

上述两种极端行为都会给班级文化建设带来一定的阻碍。

第二节　学校班级文化建设管理策略

一、加强班级文化的队伍建设

学校班级文化建设的关键在人，要努力开创班级文化建设的新局面，其中一项紧迫而重要的任务就是努力建设一支信念坚定、结构优化、团结和谐的班级文化队伍。实际上，加强学校内班级文化的队伍建设也是克服和规避当前班级文化建设存在人员力量没有发挥、队伍涣散的问题的必由路径，是加强和改进学生思想政治教育的重要着力点。因此，这就需要学校和校内、班级负责人等的多方团结，形成强有力的合力系统，将学校班级文化建设的人员力量最大、最优、最充分地发挥出来。

（一）校领导要高度重视班级文化建设

在学校中，校领导或者院系、年级领导的管理水平和能力，是推动学校各项工作顺利开展、实现教育事业可持续发展的重要保证。所以，作为校、院系、年级的领导者，在注重提高学校的声誉及竞争力、扩大学校规模、培养办学特色的同时，应把班级文化建设提上日程，作为一项重要的基础工作来抓。领导首先要提高对班级建设重要性的认识，加大对班级的经济投入，为班级文化建设提供物质基础；要积极规划整体的、长远的校园文化建设蓝图，为班级文化的建设提供良好的环境依托；要完善学校各项规章制度与管理政策，为班级文化建设提供制度保证。

（二）班主任要积极发挥自身的引导作用

班主任作为学校教师队伍的重要组成部分和开展学生思想政治教育与德育工作的骨干力量，在班级文化建设过程中发挥着不可替代的重要作用。他们全面负责学生的教育与日常管理工作，涉及学生的学习、生活、思想、心理健康等各个方面，是班级文化建设的引导者、协调者。在班级管理工作中，班主任要坚持"以人为本"的理念，全面地了解学生的个性特征与现实需要，要加强与学生的沟通交流，让学生参与到班级管理中，共同制定班级目标、班歌、班训等，以加强学生对班集体的认同感；要正确引导学生的思想意识与价值观念，让学生树立正确的世界观、人生观和价值观，树立远大的人生理想；要加强对广大学生的学习及生活指导，帮助学生明确学习目的，掌握正确的学习方法；加强对学生的交往指导，积极构建和谐的人际氛围，及时解决学生在学习、生活中的困难与问题。总之，班主任要积极发挥自己的引导与协调作用，充分调动学生的积极性、主动性，为学生提供一个充满活力、团结和谐的良好的班级成长环境。

（三）任课教师要积极发挥引导作用

班级文化建设不能忽视任课教师的引导作用，任课教师要充分利用课堂这一育人的主要阵地，在课堂上传授科学文化知识的同时，还要加强对学生的思想指导，教育学生如何做人、如何生活，还要及时发现学生存在的问题，帮助其分析原因并找出解决方法。总之,任课教师要将言传与身教相结合,用自己渊博的知识与高尚的道德感染学生,促进班级文化的积极、健康发展。

(四)强化班干部的带头作用

班干部是连接班主任与广大学生的纽带与桥梁,是班级文化建设的重要组织者,在班级文化建设过程中发挥着举足轻重的作用。首先,班干部要积极发挥纽带作用,要积极配合班主任的工作,将班主任的要求及时传递给学生,同时又要积极与学生交流,广泛听取大家的意见,并将学生的真实需求反馈给班主任。其次,班干部要积极发挥自己的组织作用,要组织丰富多样的集体活动,比如主题班会活动、娱乐竞赛活动、社会实践活动等,让每个学生都参与进来,充分发挥自己的特长与优势,让大家在活动中加强了解、增进友谊,增强班级凝聚力。最后,班干部要充分发挥榜样模范作用。这就要求他们要不断地增强自己的文化知识,提高自身的道德修养,提高自己的组织能力。班干部只有严格自律、率先垂范,才能成为班级的领头羊,被广大学生依赖与信服,才能带领大家建设良好的班级文化。

(五)发挥学生群体的主体优势

广大学生是班级的主人,是班级文化建设的主力军。因此,在班级文化建设中,每个学生都要积极发挥自己的主体作用,要以主人翁的姿态关心班级的发展;要积极踊跃地为班级文化建设出谋划策,主动提出建议,并积极参与班级的各项活动,在活动中充分发挥自己的特长与优势;要以集体利益为重,增强集体荣誉感与责任感,为班级文化建设贡献自己的力量。

二、完善制度创新

任何组织的建立与正常运作都要以一定的制度作为保障和依托。同样,班级文化建设的顺利进行也离不开相应的制度保障。班级制度是一个班级的全体成员共同认可并遵守的班级规章制度、公约、行为准则等。它是班级的准绳,对于一个班级的秩序化、法制化具有重要的作用。制度具有强大的力量,班级制度是被大家认可与遵守的行为准则,班级成员会主动以制度为自己行为的依据与标准,自觉地约束自己的行为,使其与班级制度的要求相一致。班级制度会有效地调控与协调班级的教学活动与管理活动有序、顺利地进行,从而保证班级工作的顺利开展。同样，班级制度制定的合理性、科学性、实效性是衡量一个班级的管理与建设水平的重要标志。目前，由于班级文化建设的环境、条件、任务，特别是学生的情况发生了新的变化，管理者必须在继承管理的优良传统与作风的同时，强化创新意识，要以创新的思维探索制度创新的形式与方法，提高制度建设的针对性与有效性，从而为班级文化建设提供强有力的制度保障。制度创新主要从以下三个方面来进行：

（一）全员参与制度的制定

班级的规章制度始终要与学校的规章制度保持一致，学校制度是班级制度制定的前提与依据。所以，学校领导层在制定学校各项制度的同时，除了遵循社会制度要求、学校发展的要求以外，也要深入学生、了解学生，从学生的真实需要出发。对于班级学生而言，自行制定的制度多为班级公约，如班级内部班干部的岗位责任制、宿舍制度、卫生制度、自习制度、评优制度、班歌、班训、班级目标等。全员参与就要求在制定班级制度规范时，不能仅由班主任制定，而应该在学生广泛讨论的基础上形成。因为学生是有独立个性的人，对班级有自己独有的期望与要求，让学生参与进来，就会使制度更具人性化，更贴近学生的生活，更能满足学生的真实需要，从而使制定出来的制度更具有信服力，学生会认可并自觉维护与执行。

（二）要为制度的实施营造有利的大环境

班级制度的实施并非简单的几条文字公约的强制推行，而是一个被班级成员接受并将制度规范内化为自己行为的依据，进而转化为自觉行动的漫长过程。所以，在这个内化过程中要加大班级制度建设的意义的宣传力度，让学生充分了解制度的内容，以及遵循制度的意义，这样就能增加学生对制度的认可，从而加快学生将这些硬性规范内化为自觉行动的进程。制度的制定要注意人文性、公开性、平等性，即制度要体现强制性与人文关怀的统一，要体现学生的主体性，满足学生的真实需要。在制度实行的过程中要公开透明，避免暗箱操作，让学生完全清楚地了解制度的细枝末节。同样，教师要严于律己、率先垂范，要与学生保持平等、共同遵守，避免特殊待遇的存在。制度在实施过程中还要注意稳定性与灵活性相结合。要因时因地，根据不同的发展需要，对制度进行修补、完善与创新。

（三）建立与完善制度评估

班级制度是否合理，内容是否与实际相符合，实施方法与措施是否恰当，目标能否顺利实现等都离不开制度的评估。只有通过评估，发现问题，总结经验，改进工作，才能促进班级制度建设走上规范化、标准化、科学化的轨道。因此，在班级文化建设过程中，要根据制度目标，确定相应的评估体系，通过评估发扬优势、弥补不足，将班级制度建设推向一个全新的高度。

三、增强班级凝聚力

理论上讲，活动是人存在和发展的根本方式，是人主体性生成的源泉和动力。人的活动是社会及其全部价值存在与发展的本源，是人的生命和个性形成与发展的源泉。班级集体的形成与发展都是在班级活动中进行的。班级活动指在教育者的组织与领导下，为完成教育计划、实现教育目标而组织的由班级成员参加的一切教育活动，包括班级成员的学习活动、生活活动、娱乐竞赛活动、综合实践活动等。班集体的形成总是从协调一致的班级工作和健康有益的班级活动开始的，在班级活动中，学生正确认识到个人与集体、个人与他人的关系，渐渐培养集体主义精神，增强了对于班集体的责任感、荣誉感，从而增强了班级凝聚力，促进班集体的发展与完善。从实际来看，班级活动也为学生提供了一个充分展现自我的舞台，学生的精神面貌在班级活动中得到体现，学生的个性在班级活动中得到发展，学生的能力在班级活动中得到提高。班级成员在活动中获得亲身体验，渐渐形成正确的价值观、道德观和民主、合作、竞争的现代意识，逐步培养了自己的情操，磨炼了意志，在自我管理中形成良好的品质与行为习惯。最后，丰富的活动还拓展了学生的知识，开阔了学生的视野，锻炼了学生的交往能力、组织能力、社会实践能力，促进了学生的全面发展。从问题的角度，班级文化建设现状存在的重要问题就是班级活动没有得到应有的重视，过于形式化。因此，班级活动对于学生的健康成长与班集体的建设具有十分重大的意义。那么，如何开展班级活动才能取得良好的效果呢？

（一）要选择好的活动主题

主题是统领整个活动的灵魂，贯穿活动的始终，并且影响着活动内容的确定与活动形式的选择。选择恰当的活动主题要遵循"新与实相结合"的原则，即要根据新形势、新任务，结合新信息，聚焦热门话题，确定主题，同时又要因时制宜、因地制宜。班主任要通过多种渠道，详细了解学生，充分获悉学生的学习、生活及思想动态，而后通过系统分析，结合学生的实际，针对学生的年龄特点开展活动，真正满足学生的现实发展需要，这样班级活的开展就会更加具有针对性与实效性。

（二）班级活动开展过程中要注意的几个问题

1. 活动的开展过程要以学生为主体

班主任要激发学生的参与兴趣与热情，尊重学生，信任学生，放手发动学生，做到集思广益、群策群力、广泛参与，共同推进班级活动的顺利进行。让学生在参与中密切交往，增进感情，培养协作能力与团队精神，增强集体荣誉感，开阔视野，宽广心胸。

2. 班级活动的气氛的营造很重要

良好的活动氛围会对参与者产生积极的暗示作用，让他们自觉接受教育性活动的影响。因此，活动组织者要注意增加活动的吸引力，让学生的心灵受到震撼或者启迪，主动融入活动的气氛中去，并逐步掀起活动的高潮。

3. 班级活动的开展要体现目的性、针对性、丰富性、趣味性

班级活动要有明确的目的，并且目的要始终服从于教育目的和班级的发展目标，要最终促进学生的全面健康发展。无论是班级活动的目的，还是活动的选材、活动形式的选择，都必须依据学生的年龄特点与知识水平来设计，要加强活动的针对性。活动组织者要随时了解社会需求、学生发展需求，广泛搜集优秀的活动方案，努力达到活动主题鲜明、内容丰富、形式新颖、趣味丰富、气氛和谐、激动感人，坚持在活动中以理服人、以情感人。

由上可知，班级活动在班集体建设中有着不可忽视的作用，班级文化建设过程中要充分利用班级活动让学生在具体可感的参与实践中去体会、去领悟、去成长，并将正确的价值观念和行为取向融入班级活动的全过程中，从而使学生在班级活动中树立正确的世界观、人生观和价值观，尤其正确处理自身发展与国家和社会发展的关系。也就是说，通过相关的班级活动的暗示和强化作用使学生把个人的价值追求与中国特色社会主义建设的紧密结合起来，从而达到班级活动或班级文化育人的目的。因此，以班级活动为载体，增强班集体的凝聚力，是加强班级文化建设的必由路径。

四、开展心理健康教育

当前,班级文化建设中要关注并重点解决的问题是培育学生良好的心理素质。心理健康是每个人成长的先决条件,是每个人成才的基础。一个民族的新一代没有强健的体魄和良好的心理素质,这个民族就没有力量,就不可能屹立于世界民族之林。21世纪是一个社会发展更迅速、竞争更激烈、人际交往更密切、充满机遇与挑战的时代,高效率、快节奏的学习和生活,对人才的整体素质的要求,特别是对人们的心理素质提出了更高、更新、更全面的要求。心理健康指的是个体既能适当地评价和接受自我,又能与他人和谐相处;既能适应自己所面临的不断变化发展的现实环境,又能不断完善和保持自身的人格特征;同时具有良好的自我节制和调控能力,并在认知功能、情绪反应和意志行为方面都处于比较积极的状态。当代学生是我国社会主义现代化事业的接班人和建设者,承载着社会、学校和家庭的期望,他们的心理健康问题不仅影响学生的个人成长,还关系到整个社会未来的发展,制约着整个中华民族的前途和命运。学生正处于成长的关键时期,心理发展处在不成熟向成熟过渡的阶段,社会环境的巨大变革、学习中的各种压力、生活中的烦恼、就业竞争的加剧都给他们带来巨大的心理压力,导致当代学生心理健康问题日益凸显。因此,对学生进行心理健康教育,培养学生良好的心理素质,是当前班级文化建设中重点关注并急需解决的现实问题。加强学生心理健康教育,营造良好的班级心理环境需要从以下两方面入手:

(一)要对学生进行心理辅导

人本主义心理学家马斯洛在其需要层次理论中指出,归属与爱、交往、自我实现等都是人的基本的心理需要,这些需要的满足对于人的心理健康成长有重要的作用。因此,在班级文化建设过程中,班主任要在班级中有意识、有计划、有目的地开展团体心理辅导;要充分运用书报、影视、讲座等多种形式,普及心理健康知识,拓展学生心理沟通和获得心理援助的途径与渠道;要了解学生的内心需要,及时解决学生学习、生活中的各种问题,有效地调节学生之间、师生之间的矛盾与冲突,营造良好的人际关系。而且教师自身的心理素质与心理健康状况,对学生心理健康也有重要影响。教师要掌握一定的心理学知识,在知识传播的过程中贯穿相应的心理疏导,使课堂教学也成为进行心理健康教育的有效途径。通过有效的心理辅导，使班级成员在相处中彼此增进了解、化解矛盾、相互认同、和睦相处，从而形成共同的价值追求与奋斗目标，有利于形成乐观向上、团结和睦的班风，增强班级凝聚力，促进学生的身心健康成长。

（二）学生要增强自我调适能力

要注意进行自我调适，培养个人良好的心态。学生要树立心理健康自我教育的主体意识，要充分认识到心理健康自我教育、自我调适能力的重要性。学生要给自己制定合理的人生目标，在目标的指引下才不会迷失方向，才能增加自己的学习动力与生活热情，要正确对待自己前进过程中遇到的困难与挫折，用积极乐观的心态去面对。学生要学会丰富自己的业余生活，积极参加各种团体活动，在活动中增进与人的交往与了解，提高自己的交往能力，也可通过心理学的学习与人交往的艺术与方法。学生要不断地丰富自己的知识结构，提高自己的注意力、观察力、想象力、操作力、创造力，通过能力的提升来完善自己的人格，增强自己的社会适应力。

因此，通过上述心理健康教育和班级心理氛围的营造可知，班级文化建设的重要路径可以通过心理健康教育，去增强学生的心理素质，营造良好的班级心理氛围。反过来看，良好班级心理氛围的营造也能落实加强和改进学生思想教育的根本任务，促进和实现学生自身的健康成长发展。也就是说，班级文化建设的心理路径能够促进社会主义合格建设者和接班人的培养，是建设班级文化的重要路径。

五、注重评价与导向引领

（一）完善班主任评价机制

在班级管理工作中，学校对班主任的评价涉及班主任工作的方方面面，能够指导班主任在日常管理工作中重点从事哪一方面的工作。班主任在班级文化建设中起着主导作用，为了提高班级文化建设的水平，学校需要加强在班级文化建设方面的评价和考核。例如，山东省轻工工程学校在前期的班主任工作评价和考核中，重视学生职业素养的培养，重视企业文化对学生日常行为良好考核的影响，因此学校加大了这些方面的评价和考核。实践证明，班级学生的职业意识、职业素养和学生的日常行为习惯有了较大的进步，班级管理水平有了较大提高，所有这些成绩的取得与班主任的努力是分不开的。

眼下正值教育改革的关键时期，学校应该适时地完善班主任评价机制，不断优化班主任评价机制，打造一支政治坚定、业务精湛和功能互补的德育工作队伍，切实解决班级文化建设工作中的实际问题，从而建设优秀的班级文化，提升班级的管理水平。

（二）建立完善的监测系统

各个班级在日常的教育教学中都能根据学校学生培养目标，结合班级建设和学生的身心发展规律的实际情况，根据学校的学期计划，制订各个班级的发展计划。各个班级也能根据学校整体的活动安排，积极参与到学校活动中去。但是重要的是学校需要制定班级文化建设的监测机制，定期检查和公布班级文化建设情况，挖掘优秀的班级文化建设案例，通过一定范围内的公示和宣传，给其他班级提供一定的思路。学校通过班级文化建设监测制度，有利于发现和解决班级文化建设中的不足，有助于学校积极帮助班主任克服困难，对学校各个班级的文化建设给予"过程"和"结果"的关注和指导，保证班级文化建设工作的顺利开展。

（三）深化校园文化的引领作用

任何一所学校的文化建设工作均是学校德育工作的重要组成部分，体现在学校的教学、管理和各式各样的社团活动等各方面。校园文化建设在学生的课堂教学、学生培养等方面发挥着独到的意义，关系着教育教学效果，关系着学校德育工作的成败。唯有高度注重校园文化建设，才能发挥校园文化的环境育人的意义，班级文化才能借此得以发展，学生在德、智、体等方面才能得到充分的进步，唯有如此才能实现和谐校园的建设。以教师和学生的发展为本，注重挖掘师生的潜能、实现师生的价值最大化，在校园中形成亲和力、凝聚力和创造力。鼓励教师和学生参与学校的文化建设，增强全体师生对校园文化建设的认同感和责任感。校园文化建设离不开班级文化建设的进步，需要学校统筹安排常规性的主题活动和方案，各班级结合自己的特色和年级，根据各班的实际情况，可自行举行班级专业技能比赛、班级美化活动、班级宣教活动、班级文体活动和班级科技活动等，以增强班级文化建设的实效。

六、建立无缝隙文化环境

(一)重视家校合作

重视家校合作,创建有益于青年学生身心发展的整体环境。通过学校和班级家长委员会的联系,学校及时向家长委员会通报学校事宜,注意联手开展教育活动,取得班级、校内、校外教育的一致性,抵御各种不良因素对学生的思想腐蚀和侵害。学校要密切与家长进行联系,建立长效机制;定期通话、走访,反映学生在校、在家的动态,两者并重,相辅相成。

良好的校园育人氛围是开展学校文化建设和班级文化建设的必要和充分条件。抓好学生的思想道德教育,着力提高学生的思想道德和文化素养;通过校园建设增强校园传统文化的宣传和教育效果,加强公共道德和日常行为规范的认知和践行,增强学生明辨是非、抵御不良诱惑的能力;丰富和创新学校和班级活动的形式、载体,加强对学生生活指导,帮助学生自立自强;加强对不良行为学生的教育转化工作,既要做好个别转化,还要重视群体教育。对后进生的转变,应因人而异,实行因材施教和学生可接受性准则。在面对群体后进生的转化时,要坚持群体教育的作用,在群体教育时开展的班级或校级的日常序列教育要结合学生群体实际和社会形势开展专门的有效教育活动。

(二)升华校企合作

对学生来讲,就业是一个不可避免的话题。不论是对中职还是本专科院校的学生来说,企业存在的必要性不言而喻。因此,在学生就业之前将企业文化引入班级、学校之中,有助于学生提前适应,尤其是对本专科院校学生来讲,更是能够帮助学生找到一份理想的工作。

首先,将企业核心理念融入冠名班班级的文化中,通过教室布置、特色班创建、网页设计等途径来很好地在冠名班中注入鲜明的企业文化气息。这种文化气息能给班级学生带来一种精神力量的感染、吸引和熏陶,进而融合成该冠名班的"班级文化"。学生在企业文化氛围中潜移默化地受到熏陶与感染,增强了对企业的感情,增强了班级的团队精神,对于培养蓬勃向上的班风、促进学生的全面发展具有重要意义。其次,将企业管理模式融入冠名班管理模式。在班级管理和对学生的教育中吸收企业内有实用的、有特色的企业制度和企业文化,使学生在学校不但能够学好文化知识，提高专业技能，提升职业道德，同时也能够感受企业氛围，感知企业文化，感悟企业精神。总而言之，班级里要随时能感受到"企业"的影响，比如在班级中建立企业型管理模式，在班级中建立企业化管理制度、班级企业化管理虚拟工资制度等。

第八章 学校班级活动管理实践

第一节 研究性学习活动管理

一、研究性学习活动设计原则

（一）教育性与趣味性相结合的原则

研究性学习活动设计要从学生的知识水平和生活实际出发，用科学的研究方法对学生进行教育渗透。研究性学习活动设计的主题内容、研究方法乃至时间、地点都要充分考虑其教育意义，使教育性体现在整个活动过程中。与此同时，活动的设计要符应学生的年龄特点，从学生全面发展的需要出发，使活动形式生动活泼、活动内容趣味横生，对学生有感染力和吸引力，为学生所接受、认可。

（二）自主性与指导性相融合的原则

自主性原则在活动实施过程中处于灵魂地位。教师在活动设计中应该以此为原则，调动学生的积极性，促使学生主动参与，让每一个学生都能在活动中展示自我，充分尊重并发挥每个成员在小组中的作用。教师切记勿在活动中只起主导作用去指挥学生该完成哪项任务、该怎样实施这项任务，而是应当起到不可或缺的指导、服务、顾问、解释等作用，从而将教师的精心指导与学生的自主操作紧密地联系到一起。

（三）创造性与传承性相协调原则

研究性学习的活动设计应适应现代社会的发展进程，同时也要符合新时代学生的特点，使活动课题、探究过程、研究方法等富有创新、题材新颖独特，充分发挥研究性学习活动在课程发展、培养学生的创新意识和实践能力过程中的特有作用和功能。传承性主要体现在一些环保活动、传统文化活动设计中，学生通过观察校园里绿植的特点，研究它们对人类生活的益处，并且在实践过程中设计出对校园绿植的养护方案，进而将爱护校园绿色环境、保护身边花草树木的意识在日常生活中传承下去，或者是通过对传统文化的了解，提升学生对传统文化的认识程度等。

二、研究性学习活动设计案例

"爱绿色，保护家园"活动设计

（一）活动背景

学生都知道春有迎春、夏有荷花、秋有金桂、冬有蜡梅，挺拔的雪松、茂盛的大白杨，校园里一年四季花语缤纷、郁郁葱葱。可在很多学生的眼里，这些植物只是给校园增添了一抹绿色，也有些调皮的学生将这些枝枝丫丫当成了自己荡秋千、练本事的"好帮手"，他们甚至叫不出这些植物的名称，也不了解它们各自的"外形特点"，因此在校园里我们经常能看到一些小树垂着头，或者是一些小枝丫散落在地上。要让学生爱护绿色植物，那就有必要让学生认识这些植物，知道这些植物的内在特点，这样学生才能更好地履行爱护树木的职责。

（二）活动目标

1. 通过活动，引导学生学会观察校园绿植，并了解校园绿植的损坏情况，进而提出保护措施的设想，引发学生初步形成研究性学习意识，启发学生主动探究问题的内在潜能，形成对身边生活主动地发现问题并独立解决问题能力，发展实践能力及对知识的综合运用和创新能力。

2. 学生通过多种多样的方式搜集信息，并通过对信息进行分析、整理、整合的方法来研究、设计活动方案，初步形成自己特有的成果展示，体验探索式学习方式。

3. 通过活动，学生得到切身参与研究性学习活动的积极体验，感受绿色植物给我们生活带来的益处和乐趣，逐渐养成知植物、爱植物、护植物的好习惯，形成对自然、社会及自我之间内在联系的整体认识，养成关爱自然植物的好习惯。

（三）活动对象

中职院校一年级的学生。

（四）活动时间

利用一天的时间，共七个小时，上午四个小时，下午三个小时。

第一小时：准备阶段。班主任带领学生走出班级，观察校园里的绿植，研究它们的作用。

第二至五小时：实施阶段。研究校园绿植的养护知识，提出养护方法，设计改善校园绿植的方案和养护措施。

第六小时：宣传阶段。进一步观察社区、城市绿植状况，设计出自己的改善和养护设想，大力宣传爱护城市绿植的重要性。

（五）活动准备

1. 通过师生讨论，根据学生意愿和兴趣确定研究活动主题。
2. 班主任准备好相应的多媒体课件。
3. 学生搜集、整理校园绿植的相关资料。
4. 学生搜集、阅读有关爱护树木的故事。
5. 准备相关工具，包括学生进行活动时用到的纸张、照相设备等。

（六）活动过程

准备阶段：

第一小时（从早上八点开始）：学生在校园内随意地进行探索，观察校园绿植，研究它们的作用。

1. 学生通过观察校园里的绿植，了解绿植的内在作用。
2. 通过多媒体介绍及结合学生对校园绿植重要性的领悟，明确绿植保护意识，为了让地球大家园更美丽，提倡爱护校园绿植。
3. 学生根据网络资源，进一步研究有关校园里各种植物的相关知识和作用，了解校园绿植对生活和学习的重要性。
4. 学生开展"爱绿色，保护家园"征文活动，使爱护校园绿植的思想渗透在每个学生的意识里。
5. 学生调查校园绿植有哪些作用，同伴之间交流体验。

实施阶段：

第二小时：搜集有关校园绿植的养护知识，提出养护方法。

1. 学生分组活动，走进图书馆、微机室，广泛搜集有关校园绿植养护知识的相关资料。

2. 学生小组对搜集的有关校园绿植的材料进行总结与整理。

3. 各小组依据各组员的特长，妥善分工，对资料进行编辑整理，分别制作出与活动主题相关的活动资料，最后小组整合。

4. 学生以小组为单位，提出校园绿植的养护方法，小组间相互交流、讨论并汇报交流成果，教师给予积极的指导评价。

第三、四小时：践行爱护校园绿植行动，设计改善校园绿植的方案和养护措施。

1. 学生小组通过走进课堂、校园，向全校学生宣传要爱护校园树木。

2. 学生分组展开爱好校园绿植行动，带动全体学生对校园里的花坛、树木进行重修保护，在荒置的花坛园地种植花草等。

3. 学生小组设计改善校园绿植的方案，并提出相应的养护措施；教师全程参与，适时进行指导评价。

4. 小组对活动设计的开展情况进行及时的记录总结，教师全程参与，适时进行指导评价。（之后组织学生休息两小时）

第五小时（从下午两点开始）："与绿色同行，共享绿色校园"知识竞赛。

1. 再次普及校园绿植的作用，学生之间互相传颂。

2. 开展"与绿色同行，共享绿色校园"知识竞赛。学生以小组抢答的方式回答客观试题，以答辩的方式回答主观试题，学生代表记录成绩，教师监督。

3. 评选出优胜小组。

4. 全体学生对活动过程进行总结、交流，教师进行评价。

宣传阶段：

第六、七小时：进一步观察身边社区、城市的绿植状况，设计自己的改善和养护设想。

学生主要活动：

1. 学生根据自己对活动的参与，结合对自己身边的社区以及整个城市绿植的状况的了解，提出对被破坏了的绿植的养护措施。

2. 各小组汇报交流、讨论是否可行，并向相关政府部门提出建议定期养护城市绿植，改善生活环境，绿化身边生活。

教师指导要点：引导学生对自己设计的绿植养护措施进行可行性研究。

（七）活动设计说明

对于"爱绿色，保护家园"活动设计，首先班级成立活动小组，在师生中广泛开展宣传教育活动，增强广大师生知绿、爱绿、护绿的意识。

然后学生自行组织开展"爱绿色，保护家园"征文活动，宣传校园绿植的作用。最后，在活动设计过程中，学生除了加强爱绿色、保护家园的环保意识外，还以实际行动参加到城市、社区的环保工作中。"爱绿色，保护家园"的综合实践活动设计中运用了教育性与趣味性相结合的设计原则，不仅使学生亲历了爱好花草树木的生活乐趣，而且认识到校园绿植的重要性，也增强了学生的环保意识。在活动中全面贯彻落实课改"以学生发展为本，培养学生创新精神和实践能力"的理念。

第二节 社会实践活动管理

一、社会实践活动的设计原则

（一）本土性原则

社会实践活动的设计应当充分体现当地的特点。不同的城市发展速度不一样，同样，不同城市的学校发展状况也不尽相同，但都有自己的特色，都有开展综合实践活动需要的课内资源和校外资源。选择和确定活动课题时，应按照活动目标，根据本地特色选取课程资源、组织活动方式，发挥本地区的优势，展示本地区的特色。重视发掘本地区的活动资源，一方面有助于激发学生对活动的兴趣，另一方面又能够使学校有特色地发展，使活动有特点地实施。

（二）亲历性原则

教师应该转变学生单一的学习方式，拓宽学习范围，让学生走出教室，奔向广阔的大自然和丰富多彩的社会生活中去亲自体验和感知各种人和事物，使他们通过亲身经历实际存在的问题用以积累解决问题、与人交往的经验。

例如，在"社区公共设施调查"活动设计中，包含四个阶段：一是初步了解公共设施。二是分类调查公共设施状况。三是交流、汇报、总结阶段。四是设计保护社区公共设施的宣传活动。学生首先亲身了解身边的公共设施有哪些及它们有什么作用,然后分组制订调查计划、设计调查表、设计活动方案等问题,对社区公共设施的使用情况进行调查,使学生的实践能力得到实际锻炼和提高。最后学生对自己组内调查的数据进行整理总结,其中包括对社区公共设施损坏原因的调查,直至学生各自设计保护公共设施的方案等。在该活动设计中,学生通过亲身实践来完成对社区公共设施的了解、分类调查及设计保护公共设施的方案等步骤,使学生在亲身实践中不断积累问题解决的经验。

(三)生活性原则

在进行社会实践活动设计时,应从学生的身边生活出发,从学生熟悉和感知的现实生活或社会实际问题中选择研究的课题,将学生已有的知识经验与社会活动紧密联系起来。由于学生的生活经验和认知程度经过日积月累不断地增多,学生的视野会不断开阔,思想也随之更加成熟。因此,活动内容的设计范围也会越来越大,活动研究的课题选择也会越来越多,从而进一步提升学生的思想境界和认知领域。

(四)社区服务性原则

社会实践活动课程要求回归学生的生活世界,社区是学生最直接、最真实的生活环境,关心社区活动与社区建设是全面发展社会实践活动内容的重要组成部分。离开了社区生活实践,无论要让学生把握自我生活还是了解社会生活都必然会停留在理论形式上。所以,在活动设计时应坚持社区服务性原则:一是课程的内容应联系学生身边的人和事,能丰富学生的感性认识,使活动内容和活动设计更具体、多样,更具有真实性。二是活动设计要让学生参与其中、有所感悟,最后呈现出属于自己的独特见解甚至活动内容的设计要与学生的现实社会生活密切相关。三是课程涉及的范围要渗透学生所在社区的人文风貌、自然环境、当地的地方特色及课程发展趋势等方面,使学生能在活动中关注周围环境,自觉关心身边的人和事,培养学生的公民道德意识,养成自主观察和自觉思考问题的行为习惯。

二、社会性实践活动设计案例

"社区公共设施调查"活动设计

(一)活动背景

为了改善人们的生活,我们身边的社区修建了很多公共设施,这些设施确实为人们提供了诸多便利。可是，由于个别人的不文明行为，一些公共设施遭到了破坏。为了提高人们保护社区公共设施的意识，让社区里的公共设施更好地为大家服务，将开展社区公共设施调查的活动设计。

（二）活动目标

1. 通过学生对日常生活中常见的社区公共设施的了解与认识，进一步提高学生对社区生活的认识，使学生意识到保护公共设施的重要性，培养学生关注社区生活、感知社区生活的意识。

2. 让学生自主选题、调查研究、比较分析、合作交流及设想建议的过程，激发学生在活动中自主生成强烈的探究兴趣，培养学生严谨认真、自主探索、积极向上的学习精神，养成良好的生活习惯。

3. 通过小组合作、参观访问，整理和总结及汇报材料等过程，让学生获得间接的学习经验，培养学生与人交往合作、沟通交流的能力，加强学生的公民道德意识和道德情感，激发学生对社区建设的热情。

（三）活动准备

1. 通过师生探讨，遵循学生意愿和兴趣爱好确立活动主题。
2. 学生提前对社区公共设施的设置、种类及存在状况进行全面考察。
3. 学生自行准备好活动所需的电子设备、卷尺，设计好需要访谈的问题。

（四）活动时间

一上午时间，共四个小时。

第一小时：初步了解公共设施及其作用。

第二小时：分类调查公共设施的存在状况，调查社区公共设施的损坏情况。

第三小时：交流、汇报、总结阶段。学生分享活动体验。

第四小时：设计保护社区公共设施的宣传活动。通过设计宣传活动，进一步增强学生的公民意识。

（五）活动过程

活动过程见表8-1。

表 8-1　活动过程

第一阶段（准备阶段）	第二阶段（实施阶段）	第三阶段（总结阶段）	第四阶段（宣传阶段）
初步了解什么是公共设施	分类调查公共设施状况	交流、汇报、总结	设计社区公共设施保护宣传活动
1.课题确立，了解什么是公共设施； 2.社区里有哪些公共设施	1.调查活动的准备； 2.调查公共设施的损坏情况； 3.反馈上述调查结果	1.统计数据分析信息； 2.小组汇报、交流	1.学生小组分析设施损坏原因； 2.设计保护社区公共设施的保护措施

第一小时：课题的确立，了解什么是公共设施

教师与学生探讨活动课题，学生各抒己见，提出各自感兴趣的课题，展开讨论，最后由学生选择和确立活动课题。确定研究课题后，学生进行小组分工，展开活动规划。

学生的主要活动：

1.讨论哪些是公共设施及其作用。

2.谈一谈平时对公共设施的了解。

教师指导建议：指导学生对公共设施进行分类，如有环保类、通信类、健身娱乐类、板报橱窗类、装饰类等。

第二小时：社区有哪些公共设施

学生主要活动：

1.每组学生按照社区实际情况制定观察社区公共设施的步骤，并总结成观察记录表（见8-2）。

表 8-2　公共设施情况统计表

种类	名称	数量（个）	完好状况（%）
健身类	健身器材等		
环保类	垃圾桶、垃圾箱		
通信设施类	公共电话、报刊、报纸		
宣传类	橱窗、黑板报		
健康休闲类	花坛、凉亭		

2.学生分组、分区域到社区里观察公共设施的种类和数量。分区的目的是让学生在有限的时间里对社区公共设施进行仔细观察。

3.各组汇总情况，汇总全社区各类公共设施的种类和数量。

4.学生按兴趣分组，如健身器材类、通信设施类、公共垃圾箱类、社区板报橱窗类等。

教师指导建议：

1. 指导学生小组制订一个初步观察社区公共设施的计划，设计一个观察社区公共设施的表格。

2. 带领学生开展寻找"本社区有哪些公共设施"的活动。

3. 指导学生将初步观察的公共设施情况进行统计。

第三小时：总结阶段

学生主要活动：

1. 分析调查数据，统计出社区公共设施自然损坏、人为破坏、管理不善等方面的百分率；进一步分析设施损坏的主要原因，以便制定相应的保护措施；整理有关影像资料；设计汇报方案和汇报讲稿。

2. 汇报与交流：学生分组进行汇报，其他学生认真听并提出建议和质疑。

教师指导要点：

教师在学生汇报展示和交流时，引导学生主动地、客观地对自己和其他学生的活动进行评价。

第四小时：宣传阶段（设计社区公共设施保护措施）

学生主要活动：

1. 分析主要的损坏原因，小组设计宣传保护措施。

2. 各小组汇报交流、讨论是否可行，并向居委会提出社区公共设施保护措施及对损坏的设施及时更换等，丰富居民生活，反映社区文化。

教师指导要点：引导学生对提出的建议和设计方案进行合理化研究考证。

（六）活动设计说明

本次社区公共设施调查的活动设计，给学生创造了独立思考、积极实践的机会。整个活动过程是学生自我能力生成的过程，通过调查社区公共设施种类及损坏情况，并按照调查的问题学生自身或小组互助解决实际问题，调动了学生的活动热情，在进行设计的同时也体现了学生的自主性与灵活性。另外，社区公共设施调查的活动设计中运用了亲历性、本土性的设计原则，学生不仅亲自调查了社区公共设施的使用情况，同时也增强了学生服务社区的意识，认识到保护社区公共设施的必要性，增强了社会责任感。

第三节 信息技术活动管理

一、信息技术活动设计原则

(一) 协作性原则

信息技术教育活动设计中的协作性主要体现在生生之间、师生之间及班级与班级之间通过相互协作、小组讨论，共同探讨需要研究的选题，在团结协作的氛围中集体完成任务实践。信息技术与中职综合实践活动课程整合过程中的协作学习活动设计中，重点是确定和选择协作活动的主题。确定与设计协作活动主题时要满足以下五个条件：一是学生共同讨论确立活动主题。二是学生要完成活动任务时小组间或生生间应该团结工作。三是活动过程应充分彰显学生与人交往和活动探究能力。四是学生解决问题时应该在一定的问题空间利用信息技术媒体获取、搜集、筛选信息，并对其重新组合处理，形成个人成果，而不能只是简单的信息拷贝和粘贴。五是学生最终的汇报成果应该成为自己的作品。

(二) 开放性原则

学习环境是信息教育活动开放性的主要体现，当代社会的学习环境在不断变革，数字化、智能化、多媒体化和网络化是当今信息时代学习环境的技术特征。为信息技术教育营造了开放的教学环境，也拓宽了综合实践活动的资源范围，为学生提供了开放、自由、个性化的学习空间。因此，教师在活动中应用信息技术，不是纯粹为了让学生应用软件来搜集信息，更重要的是培养学生学会用新技术来解决问题的能力，以便在未来社会中遇到问题时能有自己独特的解决办法，顺应时代发展的潮流。所以，该领域的活动设计应当适应当下新兴的信息技术，而不应该由教材束缚，应基于学习者的需求。教师要多鼓励学生运用开放性思维来设计活动，在活动中得到书本中学不到的生活经验，在活动中体验团结协作和发明创造，以此收获成绩，并且在活动结束后的评价中学会自我反思。

学习内容、学习时间、学习过程这三方面的开放也是开放性的一种表现。一些来自社会现象的内容以及关于学生兴趣爱好的内容，体现了信息技术教育活动涉及的范围之大。也就是说这种教育活动是多方面的，这一点能够满足学生的各种需要。其中，活动内容的开放性是整个活动过程和活动时间的基石，在此基础上学生按照自己的学习方式、学习速度和学习计划，选择合适的活动时间，选择具有个性化的、跨区域的活动方式。

（三）可行性原则

信息技术教育活动设定之前，选择课题需要注意的问题有很多，其中最关键的就是活动的开展是否具有可行性。一个活动要想能够开展施行，一方面要考虑主观条件，选择的活动主题要与学生自身的知识水平相吻合，同时也要保证在学生可以理解接受的范围内设立。另一方面要考虑客观条件，要根据现如今各方面的条件，如家庭、学校、社会等，在满足这些条件的情况下选择相应的可行性主题活动。一些课题的实施不仅仅只是需要一小段时间，而是需要一个长期的过程，因此教师在设立课题的实施过程时，可以将其分为子课题、分阶段、分课时等几部分逐步完成。

二、信息技术活动设计案例

"三维动画创作"活动设计

（一）活动背景

随着信息技术的不断进步及影视行业、游戏行业等的快速发展，三维技术也成了人们学习的重要内容之一。为了普及信息技术知识，鼓励学生积极探索、勇于创新，利用学校现有资源，以三维动画的创建活动为出发点，培养学生使用网络、电视、多媒体等技术在众多信息资源中搜集信息、处理信息的能力，从而也激发了学生的学习兴趣。通过活动过程中师生、生生之间的交流合作，拓展了学生的学习领域，促使学生从多渠道获取知识。

（二）活动目标

1.通过三维动画技术的学习，普及学生的电脑技术知识，提高其信息素养，并使学生正确、有意义地使用计算机。

2.三维动画设计活动培养了学生的创造才能和动手操作能力，丰富了学生的现实生活。

3.将各种绘制三维动画的工具与学生富有生动形象的想象力与创造力联系起

来,从而使三维动画技术发展成学生创造潜能的现代化教育平台。

(三)活动对象

具有一定的计算机基础的学生,能够在具有基础知识的基础上有一定的创作能力和软件使用能力,有合作意识和计算机操作能力。

(四)活动时间

一周时间。

准备阶段(第一天):教师和学生共同学习三维动画设计程序,学习 Unity、3Dmax 等基本的三维制作软件,以便学生接下来的活动设计从这些基础软件的首要功能开始循序渐进地展开。

实施阶段(第二到五天):学生以小组为单位,运用计算机相应的三维动画制作软件,将想象、创造与表达的情感相互融合,让学生在电脑这个空间领域中尽情地想象,用他们独特的思考能力描绘出富有创造的作品。

总结阶段(第七天):成果展示,交流三维动画设计经验。

(五)活动过程

第一天:教师带领学生学习 Unity、3Dmax 这两中基本的三维动画操作软件,吸引学生对三维动画创作的吸引力,鼓励有基础知识的学生上台分享自己的学习历程和见解。

第二天:在巩固基础知识过程中,教师可采取"观看—演示—操作—创作"流程,巩固学生的基础知识。"观看"是指让学生观看并思考教师准备的作品或三维创作素材;"演示"是指教师使用多媒体教学软件演示作品的形成过程,同时讲解相关工具的使用方法;"操作"是在教师的指导下学生进行的效仿和练习;"创作"是要求学生能利用所学过的三维工具进行作品创作。通过这四个步骤的学习,提高了学生的基础电脑绘画技术,目的是让学生在掌握一些基本技能和基本操作技巧的基础上能有自己的创作,更能激起学生对三维创作的兴趣。

第三、第四天:

1. 搜集有关三维动画创作的资料,并制作相应的作品。学生分组活动,走进图书馆、微机室,广泛搜集三维动画创作的相关资料,小组内讨论完成作品的编辑技巧,教师给予积极的指导评价。

2. 小组对搜集的资料进行汇总整理,学生汇报完成三维动画作品所需的编辑技巧。

3. 各小组依据各组员的特长，妥善分工，分别搜集自己感兴趣的三维创作内容，对资料进行编辑创作，分别制作出与本组活动主题相关的活动资料，最后小组整合。

4. 学生以小组为单位，轮流展示活动作品，交流电脑绘画的体验。

第五天："三维动画创作"知识竞赛：

1. 再次开展三维动画创作的知识，学生之间互相传播、交流。

2. 开展"三维动画创作"知识竞赛。学生以小组抢答的方式回答客观试题，以答辩的方式回答主观试题，学生代表记录成绩，教师监督。

3. 评选出优胜小组。

4. 全体学生对活动过程进行总结交流，教师进行评价。

第六天：学生小组分别上台展示自己的作品，并谈谈自己的设计过程或方法。教师总结活动开展整体情况，对突出的小组、人物、事迹再次肯定，提倡学生将信息技术教育活动中的技能应用到其他领域的学习中。

（六）活动设计说明

学生三维动画创作活动设计以其独特的动画设计方式展现了学生内心的美好情感和丰富的创作力，实现了描绘自己心目中美好事物的愿望。学生的三维动画创作活动设计运用了可行性与开放性的设计原则。第一，它传承了传统教学的基本流程；第二，它拥有传统动画设计所无法具备的现代技术感，如三维动画所具备的立体感、色彩更加丰富及作品展示的多样性等。因而，三维动画创作是动画技术与信息技术相联合的教育方式，它以生动形象的画面、丰富多彩的视觉效果，在我们眼前展示了信息技术学科与美术互相融合的视觉感应。

第四节　文化教育活动管理

一、文化教育活动的原则

（一）操作性原则

文化教育并不是单纯的口头上的教育，文化教育活动的实施为学生提供更多亲手操作的机会，是一种让学生亲身体会传统文化或外来文化、先进文化等的活动类型。活动设计步骤、活动内容以及活动方式要具有操作性，如设计调查、观察访问、记录数据、制作作品等过程都具有很强的操作性。学生是以不同的视角来认识身边的世界和思考现实问题的，每个学生心智成熟的速度也不尽相同，且具有各自的特点。单一的活动方式可能让部分学生失去发展自己潜能的机会，并在这种不喜欢的活动方式中逐渐对自己失去信心。而文化教育活动能够让学生在活动中放飞自我，以自己喜欢的方式去学习，去实践文化、感悟文化，这样学生能够学得更好，并且变得热爱文化。所以文化教育活动的设计是由学生自己选择课题、自己决定以何种方式完成文化创作和理解的过程，同时要根据学生的实际及有关条件设计活动，便于操作。然而，文化教育活动的实质并不仅仅是只关注学生的动手操作方面，它更注重学生通过生生合作、师生互助从事操作性学习，重视学生在文化接触过程中形成良好的文化素养，强调操作过程中创新思维的形成。

（二）灵活性原则

文化教育是灵活的教育，文化教育活动内容具有很强的灵活性，改变了以往班级授课制的严谨性，更注重学生实践经验和情感上的积累。学生要在实践中手脑并用，亲身体验文化的特性，领悟文化产生的意义和优秀文化的内涵。在活动过程中，要注意学生去切身体会，学会灵活应对各种各样的问题情境。教师应着重培养学生勇于实践、积极探索、不断创新的意识，不是每一个指导教师都要全面、全程地参与学生的活动，而是根据学生的特定需要进行咨询、交流与指导。从活动设计时间上，活动不是以一堂课的时间为单位，而是完全由活动内容和方法来决定的。

(三)自主性原则

自主性原则针对的主体是学生。文化教育的活动设计旨在锻炼学生的文化素养,提升他们在以后社会中遇到问题时具有一定的应变能力和适应能力,因此活动的设计要以学生为中心,充分展现学生在实践过程中的自主性与创新性,满足他们不同的个性发展要求。例如,在向学生传播中华传统文化"水饺"这一内涵时,首先可以让学生在家庭厨房中观察包水饺的过程,以激起学生的实践兴趣,然后根据了解到的饺子文化与制作方法,再配以视频示范制作过程。全部过程看似是学生循序渐进地去模仿包水饺,但是实际操作过程中是学生自主地去完成包水饺过程。同时,该活动设计中,教师大胆放手,根据学生的认知程度和观察水平自主地摸索包水饺的过程,学生知道的教师不讲,能自己解决的不教,解决不了的,给予适当的指导。之后,在保障学生主体性的基础上,教师向学生传播"水饺"这一中华传统食物中蕴含的传统优良思想,从而达到文化教育的目的,并锻炼学生的动手能力。

(四)创新性原则

每个学生都是一个独立的个体,都有不同的兴趣爱好、不同的性格特点,教师对于学生兴趣的关注与把握是确立实践活动设计的关键所在。学校要经常组织学生进行参观访问、手工制作、作品展示,根据学生自身兴趣让学生制作自己感兴趣的作品与大家进行交流,让学生通过多种途径了解自己,认识劳动所带来的乐趣,有意识地培养学生的兴趣,在感兴趣的基础上进行作品的制作和创新。

第九章 班主任德育建设的方法

德育方法是为了达成德育目标、完成德育任务,师生双方共同的活动方式(程序、策略等)的总和,包括教师影响学生、促进其品德形成的方法和学生在教师指导下自我教育的方法。

德育方法是德育过程的中介因素之一,是完成德育任务的重要条件。在我国,对于何谓德育方法的认识有一个变化过程。20世纪50年代,教育界受苏联影响,认为德育方法即完成德育任务而采取的一切措施就是德育手段。随着理论界认识的不断深入,有关德育方法的认识也不断深化。到了20世纪80年代,我国对德育方法的理解已基本趋于一致,认为它是德育过程中为了完成德育任务,师生双方共同的活动方式、方法。德育过程的复杂性,必然带来德育方法的多样性。就传统德育而言,其方法多以灌输、强制为特征,即把来自成人社会的价值、准则、规范看作固定不变的,并以强制性的方式传递给学生,目的在于规范和约束学生的思想和行为。与此不同,现代德育在强调价值、准则、规范重要性的同时,更主张从学生的身心发展特点和个性特征出发,通过启发学生的道德思维,训练学生的道德敏感性,发展学生的道德能力,促进他们在社会生活中感悟、理解、判断、选择诸种价值、准则、规范,并按照自己的选择而行动,从而形成既体现社会要求,又显现个体特色的人格品质,并且这种人格品质处在不断变化、发展之中。

由于依据不同,国内不同学者对德育方法的分类也不尽相同。有的以德育方法的概括程度为依据,按层次把德育方法分为三种类型:第一层次作为指导思想的方法,第二层次作为德育方式总和的方法,第三层次作为具体工作策略、操作技能的方法,并从德育方法对学习者影响作用的特点和心理机制的角度,把德育方法分为明示法和暗示法。有的从德育方法作用的范围角度按划一教育、类别教育、个别教育和生活指导三个维度来划分德育方法。有的按道德教育和价值教育流派将德育方法归为德育认识发展方法论、社会(或道德)学习方法论、价值澄清论、心理分析或情感方法论、社会(或道德)行为体验方法论等几大类。有的从德育过程作为双向互动活动的角度，把德育方法区分为自我教育的方法和指导教育的方法。有的则把德育方法从方法论意义上分为启发法、塑造法、雕琢法、树人法、系统或综合法，从实践操作层面上分为思维训练法、情感陶冶法、理想激励法、行为训练法、修养指导法等。对教育者来说，懂得以德育方法的概括程度为依据来区分德育方法，对于理解、把握德育问题具有重要意义。下面将对德育建设具体方法的操作进行介绍。

第一节 "教书"就是为了"育人"

教师的职责就是教书育人，然而很多时候，教师对传授知识、培养能力非常重视，对育人却有所忽视，导致一些学生成绩日益进步，而思想进步缓慢，甚至倒退。只会教书，这是远远不够的。作为新时代的教师，不但要教好书，更要做好"育人"工作。

德国教育家夸美纽斯把教师盛赞为"太阳底下最光辉的职业"。的确，教师不仅是文化知识的传递者、学生行为的示范者，而且教师高尚的品德、优良的心理品质对学生的个性发展起着至关重要的影响作用，是学生人生的引导者，正所谓教书育人。

教师培养学生能力，更重要的是通过各种教育教学环节，引导学生树立正确的人生观、世界观、价值观和做人的准则，引导学生如何做人、做事、做学问。教书是教师育人的主要手段，育人是教师教书的根本宗旨。我们不能把教书和育人割裂开来，更不能认为育人只是政治思想工作者的任务。"教书"就是为了"育人"，"教书"的过程就是在"育人"。

那么教师如何在千头万绪的"育人"工作中收到好的效果呢？我们来看看美国优秀小学教师弗洛斯特的成功教育。

难忘的"体罚"

那是一次数学考试。考试前，弗洛斯特女士照例从墙上把那块著名的松木板子取下来，比试着对我们说："我们的教育以诚实为宗旨。我绝不允许任何人在这里自欺欺人，虚度时日。这既浪费你们的时间，也浪费我的时间。我早已年纪不轻了，奉陪不起——好吧，下面就开始考试。"说着，她就在那宽大的橡木办公桌后坐了下来，拿起一本书，径自翻了起来。我勉强做了一半，就被卡住了，任凭绞尽脑汁也无济于事。于是，我顾不得弗洛斯特女士的禁令，暗暗向好友伊丽莎白打了招呼。果然，伊丽莎白传来了一张写满答案的纸条！我赶紧向讲台望了一眼——还好，她正读得入神，对我们的小动作毫无察觉，我赶紧把答案抄上了试卷。

这次作弊的代价首先是一个漫长难熬的周末。晚上，我翻来覆去难以入眠；才迷糊过去，又被噩梦惊醒——连卧室墙上那些歌星舞星们的画像似乎都变成弗洛斯特女士，真让我心惊肉跳！早就听人说过，教室里一只蚂蚁的爬动也逃不过弗洛斯特女士的眼睛，难道说，她现在只是故意装聋作哑罢了。思前想后，我打定主意，和伊丽莎白一起去自首。

周一下午，我们战战兢兢地站到了老师身边："我们知道错了，我们以后永远不做这种事了，就是——"

"姑娘们，你们能主动来认错，我很高兴。这需要勇气，也表明你们的向善之心。作为一名教师，我绝对不允许我的学生用作弊这种手段来欺骗我，来欺骗你们自己和你们的学业。我宁愿我的学生从我的课上只学到诚实，因为做人比知识更重要。不过，大错既然铸成，你们必须承受后果——否则，你们不会真正记住！"说着，弗洛斯特女士拿起我们的试卷，撕了，扔进废纸篓。"考试作零分计。"看到她拿起松木板子，我们都惊恐得难以自持。

她吩咐我们分别站在大办公桌的两头，我们面面相觑，从对方的脸上看到自己的窘态。"现在你们都伏在自己身边的椅背上——把眼睛闭上，那不是什么好看的戏。"她说。

我哆哆嗦嗦地在椅背上伏下身子。听人说，人越是紧张就越会感受到痛苦，老师会先惩罚谁呢？

"啪"的一声，宣告了惩罚的开始，看来，老师决定先对付伊丽莎白了。我尽管自己没挨揍，眼泪却上来了："伊丽莎白是因为我才受苦的！"接着，传来了伊丽莎白的呜咽。

"啪！"打的又是伊丽莎白，我不敢睁开眼睛，只是加入大声哭的行列。

"啪"伊丽莎白又挨了一下——她一定受不了啦！我终于鼓起了勇气："请您别打了，别打伊丽莎白了！您还是来打我吧，是我的错！——伊丽莎白，你怎么了？"

几乎在同时，我们都睁开了眼睛，越过办公桌，可怜兮兮地对望了一下，想不到，伊丽莎白竟红着脸说："你说什么？是你在挨揍呀！"怎么？疑惑中，我们看到老师正用那木板狠狠地在装了垫子的座椅上抽了一板："啪！"哦，原来如此！

这便是我们受到的"体罚"，并无肌肤之痛，却记忆至深。在弗洛斯特女士任教的几十年中，这样的体罚究竟发生了多少回？我无从得知。因为有幸受过这种板子的学生大约多半会像我们一样：在成为弗洛斯特女士的崇拜者的同时，独享这一个秘密。

在弗洛斯特看来，教书育人就应该以诚实为宗旨，如果学生在考试中弄虚作假，那么，就等于是浪费自己的时间、浪费大家的时间，教育也就失去了应有的意义。因此，从某种角度来讲，适当的惩罚是必要的，但惩罚不应该只是一味地指责，更不应该是一顿拳打脚踢，因为，惩罚的最终目的是为了"育人"。

在人与人平等的基础上，惩罚应该是尊重学生的自尊心，有效的、成功的、具有激励性质的批评，它甚至可以改变一个人，使他一生受益。相反，一个伤人自尊心的、令人消沉的批评如讥讽、嘲笑，会让一个人精神从此一蹶不振，失去前进和向上的动力，就是我们平常所说的"破罐子破摔"。

近年来，我国教育界普遍倡导激励教育、赏识教育，强调老师、家长都要以平等的心态和学生对话，尊重学生，给学生创造一种宽松自由的氛围。但是激励和赏识是否意味着不能批评？学生犯了很严重的错误，该拿他怎么办？从学生成长的角度来看，学校是社会的缩影。而在学校阶段，如果学生犯了严重的错误，就该用惩戒手段让他们铭记终生，让他们知道哪些界限是不能逾越的。

说到惩戒，许多人就会联想到体罚，二者是完全不同的。惩戒是指施罚使犯过者身心感到痛苦，但不以损害受罚者身心健康为原则的一种方式。它在目的、手段、方式和产生后果上都与体罚有本质区别，其中关键在于，体罚损害了受罚者的身心健康。弗洛斯特女士的松木板子是否触及学生的身体，这就是惩戒和体罚的根本区别。

《难忘的体罚》给了我们许多启示：弗洛斯特老师用一种独特的"惩罚"给学生留下了终生难忘的印象。正如她所说的那样："我宁愿我的学生从我的课上只学到诚实，因为做人比知识更重要。"

爱因斯坦曾说过："学校的目标始终应当是：青年人在离开学校时，是作为一个和谐的人，而不是作为一个专家。"我国著名教育家陶行知也强调："先生不应该专教书，他的责任是教人做人；学生不应该专读书，他的责任是学习人生之道。"

由此可见，作为一名教师，如果只注意传授知识不注意培养学生如何做人，就没有尽到教师的责任。自古以来，教书育人一直成为衡量和判断教师工作优劣的根本准绳，也自然成为教师一切教育工作的根本保证。

第二节 给学生一个积极的心理暗示

在我们的教学工作中，经常会碰到这种情况：当在课堂上我们向学生提问时，有很多学生开始都表现很紧张，生怕说错了老师会批评，还有的是怕引来别的同学的嘲笑。所以常常是知道也不愿回答，要不就是回答得吞吞吐吐。如果这时候老师能面带微笑，鼓励他说："大胆说出你的想法，错了也不要紧，老师相信你能行！"这样一来，有的学生还真能大胆地说出自己的见解。这说明，积极的心理暗示对学生的影响非常深远。

上课如此，做其他事情亦然。只有一个充满爱心的教师，才会有积极善意的心态，也才会给出积极的暗示，使学生得到战胜困难、不断进取的力量；反之，教师消极恶劣的心态，则会使学生受到消极暗示的影响，变得冷淡、泄气、退缩、萎靡不振等。俗话说"好言一句三冬暖，恶语伤人六月寒"，说的就是这个道理。因此，当我们面对学生说话做事时，就应该时刻注意，尽量使学生接受积极的、适度的暗示，才会让学生的自信心越来越强。

空洞的说教往往显得苍白和无力，而积极的心理暗示有时胜过千言万语！对于培养学生健全的人格和良好的个性心理品质更应如此，营造对学生进行积极心理暗示的环境和氛围，一如在建造学生心灵的防护林，它是学生心理动态平衡的天然屏障，它是熨帖学生心理的港湾。在有效的心理暗示措施下，学生个体可以进行积极的心理自我维护。

因此，作为教育者，我们应该多给学生一些积极的心理暗示，教会学生运用积极的心态去面对生活、面对学习。

我们是弱智

我教书的第一天，各班的课都进行得很顺利，这使我相信当老师并非难事，接着该上当天的最后一节课。

当我走向教室时，听到了桌椅的碰撞声，进去一看，一个男生正把另一个男生狠狠地按在地板上。"听着，你这个弱智！"被压的男生高声嚷道："你妹妹白给我，我也不要！""听着，不许你再碰我妹妹！"按着人的男生威胁道。

这时，我挺直自己矮小的身体叫他们不要打架，14双眼睛一下子全都转向了我，我知道自己并无多少威严让他们信服。两个男生对视一下又瞧瞧我，慢慢地回到了自己的座位上，过道对面教室的老师把头伸进了我们教室，他呵斥那两个学生坐下，叫他们闭嘴，听我的话。

我试着按教案讲课，但是却发现眼前是一张张戒备的脸。下课时，我叫住挑起斗殴的男生："迈克！……""女士，别浪费你的时间了，"他对我说，"我们是弱智。"说完就走出了教室。

我被噎在那儿，重重地跌在了椅子上。我开始怀疑自己该不该当老师，而逃避是不是唯一的解决办法呢？我告诉自己必须得受一年的罪，明年夏天结婚后重找一份更有价值的工作。

先前教我们班的那位同事对我说："他们都住在野外窝棚里，他们的父母都是流动的劳工，他们想来就来、想走就走。他们中的大多数人无论如何也毕不了业，别再在他们身上浪费时间了。"

我收拾东西回家时，怎么也忘不了迈克说"我们是弱智"时脸上的表情。"弱智"这个词一直在我耳边响，我想我得找个行之有效的办法。

第二天下午上课时，我用眼睛和他们打了个招呼，接着在黑板上写。"ANI.E，有几个学生脱口念了出来，还开心地看了我一眼。我说："这是我的名字。过去我学习不行，别人说我是榆木疙瘩，我刚上学时，连自己的名字都不会写，单词也不会拼，数字在脑海里像盆糨糊。人家说我是'弱智'，也对，我是'弱智'嘛！至今这可怕的声音仍不时在我的耳边回响，使我难堪。"

"那你怎么成了老师呢？"有人问道。

"我恨这个叫法。其实我并不愚蠢，也爱学习。我们这个班也应该这样，如果你们当中有谁喜欢被叫作弱智，请别在这个班里待，到别的班去。我们教室里没有弱智。"

"我不会对你们放松要求。"我接着说，"你们要努力再努力，直到你们迎头赶上。你们都会毕业的，我相信你们当中一定会有一些人能进大学深造，这不是笑话——而是承诺。在这个教室里我不想听见'弱智'，你们懂吗？"

他们看上去似乎坐得直了一些。

时光飞逝，几个月过后，他们的进步真令人吃惊。6月就要到了，我觉得很遗憾，他们那么想学习，可所有的学生都知道我要结婚了，要搬到别的州去了。

在我上课的最后一天，一踏进教学楼，校长就招呼我："请跟我来下好吗？"他挺严肃地说："你的教室里出问题了。"他领着我沿过道走过时，目不斜视。"出了什么事呢？"我感到纳闷。

在我的教室外面，上第七节课那班的学生都笑眯眯地站在那里。

"安德森小姐，"迈克得意地说，"二班送您玫瑰花，三班送您胸花，我们想让您知道我们更爱您。"他示意我走到教室门口，我朝里望去，太令人惊喜了！四个角落里鲜花怒放，课桌上和卷宗柜上也是一束束鲜花，在我讲桌上则是大棒的花束铺成的花毯。"他们怎么能搞到这么多花呢？"我心中不解，他们多数家境贫寒，以至于要靠学校的助学金才能吃饱穿暖。这时，我激动得流出了热泪，他们也都一起哭了。

后来，我才知道他们是如何得到这些花的。迈克每逢周末都在当地一家花铺打工，看到了我授课的其他几个班的订花单，他便告诉了班里的同学。自尊的他再也不愿戴上诸如"贫穷"之类的帽子了，就向店主要来了店里"过时"的鲜花。然而，这远远不是他们对我的报答。

两年后，14个学生全都毕了业，并且有6名获得了大学奖学金。

28年后，我在一所学习气氛很浓的学校执教，该校离我青年时步入教书生涯的地方不远。我得知迈克早已和他大学时的恋人结了婚，现在是个有成就的生意人，而且凑巧的是，三年前，迈克的儿子曾是我教的英语荣誉班的二年级学生。

有时候，我回忆起第一天当老师以及对迈克他们上最后一节课的情形，谁能想到，我曾考虑过放弃这个职业去做更有价值的事呢？

案例中的老师是美国的一位名叫安德森的老师，她的行为是可敬可佩的，她想方设法把学生不良的心态从他们心中"剔除"，并给学生一个积极的心理暗示："你们要努力再努力，直到你们迎头赶上。你们都会毕业的，我相信你们当中一定会有一些人能进大学深造，这不是笑话——而是承诺。"可见，教师恰当运用积极的暗示，努力开发学生的潜能，不但可以转变学生的想法，甚至可以改变学生的命运。暗示的特点是语言的含蓄性、行动的示意性。这些特点的奇妙之处就在于通过不显山、不露水的方式，达到师生的心理相融，取得良好的教育效果，也就是我们平时所说的"桃李不言，下自成蹊"。

在日常教学中，教师利用不同的渠道和载体对学生进行积极的心理暗示，有利于学生个体心理问题的发泄、梳理和平衡。学生在学习的点滴中达到了心理的动态平衡，进而进行积极的心理自我维护，在学生的心理自我维护中，能树立学生积极的自我观念，进而认识自己、接纳自己，最大限度地开发自己的潜能，培养健全的心理素质和创造精神。同时健全而轻松的心理更有利于学习效率的提高，也便于更好地对学生进行素质教育，使其全面发展。

在中小学，许多成绩差的学生往往自暴自弃，厌学弃学甚至"破罐子破摔"。在教学中，如果教师能用积极的心理暗示，首先从维护学生的自尊心出发，对他们倾注爱心，尊重他们的人格，用民主、平等的方式对待他们，就能够防止后进生产生这种不良的心理。而教师恰到好处地运用暗示方法，往往会收到意想不到的教育效果。教师积极的暗示，会通过言行、表情传达给学生，学生因此会受到鼓舞，并朝着老师期待的方向发展。

老师平时要时刻注意自己的言行，对学生要多一些表扬鼓励，少指责埋怨。上课时，学生回答问题声音很轻，也许他怕错，这时，作为老师就应该积极鼓励他："你回答得真棒，如果声音大一些就更好了。"学生答错了，你说："你能积极动脑，举手回答问题真勇敢，答错了没关系，因为只有这样，你才会知道错在哪。""你再想想，离正确答案不远了……"学生在你的鼓励之下，胆子会越来越大，也就不会再害怕发言了。受到你积极的暗示，其他同学也会踊跃发言，课堂气氛肯定会越来越热烈。

在课堂教学过程中，学生难免出现小声说话、思想出岔、东张西望、玩小东西、偷看课外书甚至互相抓打等不良现象。对这些现象，授课教师如果停了课来横加抨击，大发雷霆，这不但占据了课堂时间，而且师生产生对立情绪，也达不到教育的目的；反过来如果不闻不问、熟视无睹，那也将影响整个课堂秩序，影响教学效果。二者均不可取，那怎么办呢？采用以下几种暗示方法可收到良好的效果：

一、用语言暗示

用语言作为暗示手段，可以理解为平时所说的"言下之意""弦外之音"等意思。即暗示者虽然没有清楚地说明，但他的意思已经含蓄地有所表示。在教学过程中，如发现学生有不专心听讲、违反课堂纪律的现象，教师可委婉地说："老师最喜欢专心听讲的学生""认真听课才能完成老师布置的作业""老师很想听听你的意见""小脑壳应该积极转动才会更加聪明"等积极的暗示语言，这样那些不认真听课的学生就会受到启发，立即意识到自己心理与行为的错误性，并积极地加以克服。

二、用表情暗示

这是指通过面部、身段或目光表情给人以暗示的方法。讲课中，对那些心理与行为异常的学生，教师要经常给他们以表情暗示，比如运用镇定自若或者庄重严肃的面部表情，常使行为异常的学生停止不良的课堂行为，进而认真听课；微微一笑可使不守纪律的学生受到启发；用严肃的目光短暂注视某个行为异常的学生，也常使他在别人不察觉的情况下克服不良心理。

三、用情境暗示

这是通过人为地设计某种情境以求取得暗示的作用与效果的方法。课堂中，如发现学生有不良的心理与行为，教师可以这样设置情境进行暗示：或者停止讲解，提出某个与授课内容有关的有趣问题，让学生积极思考，以形成积极动脑的情境；或者交换教学内容，讲一两个简短的关于学习的故事，让学生进入情境；或者让学生写写、画画、读读、背背等。这样通过情境的设置和转换，不守纪律的学生常常能在自然状态中改变自己的不良心理与行为。

四、用节奏暗示

这里主要是讲用变换教学语言的节奏方式加以暗示的手段。

在讲课时，如发现学生思想出岔或不守纪律，教师可针对情况有意识地将教学语言的节奏说得快一些、强一些，或者说得慢一些、重一些，并辅之以表情眼神，这样那些不守纪律的学生也能受到启发。

五、用停顿暗示

在讲课中,如发现学生有异常心理和不良行为,教师也可以忽然终止讲课几秒钟,但一般不超过十秒,这样不守纪律的学生就会被这突然的停顿所震动,并立即意识到自己的心理与行为的错误性。

采用这种"暗示法"来矫正学生在课堂中不良的心理与行为,好处确实甚大:一是教师只需花费最小的代价和精力却能收到很好的教育效果;二是不用强制手段,就可使受暗示的学生自觉自愿地接受影响。

此外,教育者更应该通过自己的言传身教给予学生积极的心理暗示,榜样的力量是无穷的,在教师高尚师德的潜移默化的影响下,学生一定会努力改掉自身的不足,朝着好的方向发展。

第三节 没有教不好的学生

近些年来,人们对优秀教师的个性化的教育哲学越来越关注和重视。所谓个性化的教育哲学,是指把个人的体验、感悟、价值观融于一定的思想观念之中,并内化为个人主观世界的不可分割的有机部分。

教育个性化是社会现代化发展的客观要求。为了适应社会科学发展的整体化趋势,现代化社会越来越需要具有多种科学知识,能够进行综合研究和运用,具有创造性能力的人才,这就需要中小学教育在加强学生全面教育的同时,注重学生个性化的培养。因此,日本把个性化教育作为面向21世纪的教育。

我国古代教育家孔子在两千多年前就提出了要"因材施教。全国首批特级教师霍懋征有一句至理名言:"没有教育不好的学生。"在霍懋征看来,每个学生都有上进心,都愿意学好,关键在老师如何引导。

是的,学生就像那稚嫩的幼苗,需要父母和老师的精心栽培。每个学生因为成长环境及自身的原因,有着不同的学习风格,水平也参差不齐。那么,因材施教,进行个性化教育就成为必要。教师应根据学生的个性特点,发挥他们的个性优势,寻找他们身上的闪光点,激发学习兴趣,使其产生前进的动力,让每个学生都能成才。

在知识、技能、情感、态度、价值观等方面,把学生培养成为至少是合格的人才,是国家和社会的需要。国家和社会的需要是通过教师来实现的。如果教师不能实现国家和社会的这个最低要求,那么就不是称职的教师。要实现国家和社会的这个最低要求,就必须做到不放弃每一个学生。要做到不放弃每一个学生,就要在心中树立"没有教不好的学生"这个观念。我们知道,有什么样的观念才有什么样的行动。如果一个教师心中没有这个信念,自然他的行动就是放弃了本来可以进步的学生。

其实,每个学生都有自身的发展潜能,都有适合自己的发展方向。所谓后进生,是因为我们没有正确地认识学生的个性特长,按照片面的"质量"要求造成的错误判断。实际上是我们错了。那种看上去不求进步的学生,实际上仍然有自己的理想和追求,只要教师为他们提供真正的帮助,为他们营造良好的发展环境,实现"平等尊重、自主和谐"的教育理念,树立正确的质量观,引导学生正确地进行自我定位和自我评价,并根据自己的特长和发展优势,不断地修正自己的言行,充实自己的内涵,完善自己的人格,就一定能够实现自己的人生目标。

在教育实践中,只要我们教师能够正确充分地认识学生,转变对待学生错误的观念,不把学生当成自己成名成家的工具,而把学生视为和我们自身一样需要尊重的"人"。那么就"没有教育不好的学生"。

第四节　信任可以培养学生的诚信

如果春天没有七彩的阳光,就不会有蝶儿的满山翻飞;如果人间没有诚信,那就是一个苍凉而荒芜的世界。

人无诚信不立,业无诚信不兴,国无诚信不强,社会无诚信不稳。这一点,越来越成为人们的共识。但是诚实守信的理念,绝非一朝一夕形成,它是一个人长期生活实践的积淀,也是人生观、道德观的集中体现。因此诚信教育对每一个人来说,都十分必要,并且必须从学生抓起。

学校是育人的场所,诚信的校风、师风、学风对培养诚信之人至关重要,尤其是教师在学生诚信品质的养成中起着重要作用。学校诚信教育在社会公民道德建设中具有窗口作用。在现实社会中，不守信用，坑蒙拐骗的事时有耳闻，一部分人的诚信意识并没有因为物质条件的改善而得到提高，诚实守信仍然是一个值得关注的社会问题。因此，"诚信教育"的作用并不仅仅在于有利于建立学生之间相互信任的良好关系，而且它也是净化社会的道德氛围、促进学生成功的重要条件和保证。

培养和拥有诚实守信的道德品质，对人对己都是大有裨益的，是一个人一生中取之不尽的宝贵财富。拥有了诚实守信的道德品质，学生就能襟怀坦荡，不必为一些小事而去尔虞我诈、劳心费神，对同学都能以诚相待。当学生具备诚信的品质后，凡是自己承诺的事情，就一定使其实现。

由此可见，诚信教育，我们教师要引起高度的重视，从小加以培养，才能培养出言行一致、勇于承担责任的、有负责精神的未来人才，我们的国家才有希望，民族才能振兴。面对新世纪、面对新的挑战，广大教师要肩负起重担，为培养诚实守信的现代文明人而努力。

天才的教师

马卡连柯非常注意对学生的信任，他认为，信任可以培养学生的诚信。

有一次，马卡连柯派一个曾经是小偷的学生去几十里外取一笔数额不小的钱。这位学生由于做过小偷，在同学的眼中被视为另类，几乎没人与他来往，他非常渴望得到信任。

一天，马卡连柯把这个劣迹斑斑又不服管教的学生叫到办公室，对他说："学校急需一笔钱，要到数十里外的银行去取，派不出别的人，你去。"接到马卡连柯的任务后，这位学生简直不敢相信这是真的，他瞪大了眼睛，问："我去？"然后又挑战似的说："校长，我可是当过小偷的。如果我取了钱不回来了，你会怎么办呀？"马卡连柯听后平静地回答："这怎么可能？我相信你是一个诚实的学生。快去吧！"然后就埋头办公了。那个学生迟疑地站了一会儿，看马卡连柯不再搭理他，便一跺脚冲出门去。

当这位学生把钱交给马卡连柯的时候，他要求马卡连柯再数一遍。谁知，马卡连柯接过钱袋随手扔进保险柜，又埋头办公了。那喘息未定的学生脸憋得通红，向马卡连柯吼道："你为什么不数数那钱！"马卡连柯平静地说："你在银行一定数过了，我没有必要再数，你已经完成了任务，回去休息吧！"

事后，这位学生是这样描述自己的心情的："当我带着钱在路上时，一路上我在想，要是有人来袭击我，哪怕有十个人，或者更多，我都会像狗一样扑上去，用牙咬他们，撕他们，除非他们把我杀死！"

后来，当高尔基来学校参观时，马卡连柯身边就站着这个当年在暴风雪中去取钱的学生，他已经成为马卡连柯的得力助手了。

马卡连柯不愧是一位伟大的教育家。记得他曾经说过这样一句话："我的基本原则是尽可能多地要求一个人，就要尽可能多地尊重一个人。"是的，尊重人格就要提倡民主、平等，就要做到明礼诚信。而案例中的马卡连柯就是很好地运用了信任的方法，唤醒那位"问题学生"的自尊，培养了他诚信的品质。因为，马卡连柯始终相信每一个学生都有巨大的潜能，相信每一个学生都一定能学好，而只有信任才能换来他们的诚信。可见，培养学生诚信的品格对教师来说意义是多么重大。

在日常教学中，班主任应着重从以下几方面去培养学生的诚信品质：

一、借助优秀的作品，熏陶学生的品质

听故事、看电视剧、阅读大量的优秀作品，不仅可以拓宽学生的知识面，还可以培养学生的鉴赏能力，提高审美情趣。在听、看、读中感受到作品中主人公精神的召唤，从中汲取力量，磨砺自己顽强的毅力、坚韧的意志、不屈的品质，勇敢地面对困难和挫折，使学生的心灵受到震撼，精神受到洗礼。

例如《手捧空花盆的学生》的故事，讲述的是一位英明的君主，他为了挑选未来的国王，把花籽分发给参选的学生，让他们带回去种在花盆里；三个月后，许多学生都捧来美丽的鲜花，国王最后选中的却是一个手捧空花盆的学生。因为国王分发的花籽是煮过的，他看重的是接班人的诚实品质。故事情节吸引人，有极强的启发教育意义。在现实复杂的生活中，诚实的品质总是要经受各种严峻的考验，尤其是在巨大利益的诱惑下，一个人要恪守诚实的品格，是件很不容易的事。故事中手捧空花盆的学生，宁可失去"当未来的国王"的机会，也不带着假成绩去欺骗国王，这种诚实的品质是难能可贵的。因此，我们必须充分地运用这些优秀的文化遗产，让学生遨游其中接受熏陶，在学生内心深处播下诚信的种子。

二、注重教师的言行，感染学生的品质

教育学生要讲诚信，教师自身就应具备诚信的品质。教师是学生的一面镜子，学生无时无刻不在对照着教师的一言一行。著名教育家陶行知先生说过："千教万教教人求真，千学万学学做真人。"一名合格的教师必须首先从思想上认清自身肩负的责任，必须看到小事中寓含着更大的道理。要知道，教育无小事，教师"小节"不小。德国教育家第斯多惠曾说："教师是学校里最重要的师表，是直观的最权威的模范，是学生的最活生生的榜样。"所以，"欲使人昭昭，必先己昭昭"，欲使学生诚信，自己先诚信。教师要言行一致、表里如一，用自己高尚的人格去影响学生。学生就会像花草树木之趋向阳光一样，趋向教师。

如果说把学生培养成为一个诚实、守信、健康的社会人，是每一位父母的心愿，那么这也是我们为人师者的责任。

三、关注学生的小事，培养学生的品质

每个学生都是班级的成员，是整体的一部分，同学之间要相处得好，最重要的就是相互做到诚信，所以教师要及时捕捉学生间的小事，重视学生间的诚信品质培养。下面是一位班主任的教学反思：

开学初，我班学生中发生了这么一件事：一天，学生甲哭着对我说："老师，乙同学打我。"我说："他为什么打你？"学生甲告诉我说："前天，我们商定好互换邮票，我把我的'小猫'邮票换他的'黑蝴蝶'邮票，我先把他的'黑蝴蝶'拿回家，可我又舍不得我的'小猫'邮票，于是对他说'小猫'弄丢了，用了一张其他邮票换给他，可不知怎么这事被他知道了，所以打我，并说我是'小骗子'。"

虽说这是件小事，但我还是抓住时机，对学生甲说："你认为自己这样做是正确的话，那你就把'小猫'留下来吧！但你在同学眼里就会变成一个言行不一、口是心非的人，今后，你还会得到大家的信任和帮助吗？做人要先学会诚信。"同时又对学生乙说："为了一张邮票就打人，把友谊抛去，值得吗？你知道你的行为让同学们嘲笑吗？"他们听了我的话，都羞愧地低下头，觉得都错了，互相道歉，又握手言好。看到这情景，我想：只要我们关爱学生、信任学生，我相信，诚信的幼芽定将在学生心田里一天天长高，茁壮成长。

四、开展有益的活动，提升学生的品质

"寓教于乐"的活动，是学生最愿参与的活动。班主任若能经常利用课余时间，开展形式多样、内容丰富的班集体或团队活动，既活跃了校园文化，又开阔了学生的视野，更能陶冶学生的情操，从而有效地提升学生的品质。比如：

1. 编排表演节目。在学校里，每月可举办些讲故事、唱歌曲、演小品等形式多样的活动，让学生在生动、幽默、有趣的活动中，不断地汲取"诚信"的养分。

2. 走访诚信商店。当今社会，在市场经济条件下的一些领域道德失范、诚信缺失、假冒伪劣、欺骗欺诈现象严重，教师可要求学生利用空余时间，进行社会实践活动，向有经验的商店老板询问经商之道，他们大都会说：要想生意好，首先应讲诚信，要拒绝假货入店，不欺老叟童幼，不短斤缺两，公平交易，信誉第一，这样才能"门庭若市"，生意才能通四海。学生通过走访，更加深了对"诚信是金"的理解。

第五节　唤醒学生的感恩之心

知恩感恩是中华民族的传统美德之一。古语云"滴水之恩，当以涌泉相报""投之以桃，报之以李""谁言寸草心，报得三春晖"。

"感恩教育"进入课堂正是传承了中华民族"知恩图报"的传统美德，让学生从小就学会如何用感恩的心去看待他人、社会和自然。当然仅仅靠学校的努力还不够，我们全社会都应该重视"感恩教育"，让社会上每一个人都怀有一颗感恩的心，这不仅可以化解许多不必要的矛盾，更能促进人与人之间的亲情和友情，这个世界才会变得更加美好。

让学生学会感恩，就是要让学生经常站在别人的角度，设身处地去想别人之所想、哀别人之所哀、急他人之所急、乐他人之所乐，积极学会体验他人的内心世界和内心的情感，只有这样才能使我们的学生，能感人所感，知他人之情，能体谅他人、原谅他人、同情他人、帮助他人、爱护他人，从而形成学生的道德感。这样，教育就不会停留在靠纪律制度来强迫维持，而是从学生的心里流淌出，使

学生的行为规范上升到心灵的自觉要求和对生活的热爱。

让学生学会感恩，就是让他们学会懂得尊重他人。对他人的帮助时时怀有感激之心，感恩教育就是让学生知道每个人都在享受着别人通过付出给自己带来的快乐生活。当学生感谢他人的善行时，第一反应是自己也应该这样做，这就给学生一种行为上的暗示，让他们从小知道别人、帮助别人。学生学会感恩，就是要让学生知道：父母养育了我们，我们应该感谢父母；老师给了我们知识，提高了我们的能力，我们应该感谢老师；他人关心了我们，我们应该感谢他人；社会给我们以关爱，我们应该感谢社会，从而让他们树立起责任意识，以积极的心态完成学习任务。

知恩必图报，图报必图强，图强必有为！因此，"感恩教育"不仅是道德教育，也是人生观、世界观的教育，也是理想教育。

感恩是一种文明，是一种品德，有了感恩的心，人与人、人与社会、人与自然才会变得亲近、和谐，生命也将得到滋润。

当然，让学生学会知恩、感恩，就要注意学生的一言一行，一个小举动，像是一个微笑、一件小礼物、一封贺卡等往往都包含着学生的一颗感恩的心。班主任在平时的教学教育中，要以感恩教育作为德育工作的切入点和重点，引导学生思索爱、寻找爱、回报爱，促进学生的道德发展。

那么怎样才能让学生学会感恩呢？在教学时，我们可以从以下方面来培养学生，让他们怀着感恩的心对待他人、对待生活。

一、领略"感恩"教育的时代内涵

中小学生年龄小，对道德的认识、理解，光凭课堂上单纯、抽象的说教是达不到效果的。为此，我们要根据学生的生活实际、兴趣爱好和个性特征，在上好"感恩"教育课、开展好"感恩"教育主题班队活动的基础上，让学生走出课堂，走进生活，开展搜寻活动，进行心灵对话，从而去获取"感恩"有关的知识。

1. 与父母对话。学生爱听故事是天性，请父母讲述前辈孝敬的故事，从纯朴的语言中去领略"感恩"的内涵。

2. 与教师对话。明确"感恩"的传统美德与时代特征，知道应该弘扬什么、摒弃什么。

3. 与同伴对话。各自交流生活中是如何孝敬长辈的故事，了解"感恩"在彼此生活中的真实写照。

4. 与书本对话。请学生走进图书馆、阅览室，通过查阅图画、摘录笔记等形式来知晓前辈"感恩"的动人事迹。

5. 与网络对话。可以引领他们进入教育信息网络，搜寻、了解新时代赋予"感恩"的新的含义。

通过这些活动，让学生从具体的情景中、典型的事例中去感知理解"感恩"的时代内涵，懂得"感恩"的内容与方式，从而使学生真正领悟到"感恩"是中华传统的美德，是当代学生必备的道德素质。

二、通过及时评价强化学生的感恩体验

1. 引导学生在对事件的分析中加深体验

学生每天要与周围的世界进行接触，只有选择贴近学生生活的教育案例才能引起学生的共鸣，才能加深学生的情感体验。在教育过程中，可以让学生就一些感恩教育的典型事例进行分析，也可以选择新闻报道中的事件来组织学生讨论，升华其情感。比如，中央电视台播出了《感动中国》颁奖晚会，其中有孝子田世国捐肾救母的相关报道。一位班主任觉得这个事例能够教育人，于是，就组织学生进行了分析讨论，讨论过后，学生深刻理解了"谁言寸草心，报得三春晖"这个千年传诵的佳句。

2. 让学生在完成感恩作业的过程中不断体验

学生不仅应该孝敬父母、尊敬师长，而且对于曾经帮助过自己的人，也应发自内心地感激。给学生布置感恩作业的目的，就是让学生学会思考，善于发现别人的优点，学会对帮助过自己的人心存感激，培养学生健康的心态，进而塑造学生的健全人格。对于体会深刻、具有一定共性的作业还应在班内或学校内展出，邀请学生家长评读学生的感恩作业。

3. 让学生在亲情主题教育中深化体验

在学生的学习和生活过程中，常会遇到值得纪念的、有教育意义的节日。大多数节日都有明确的主题，教育内涵深刻，可作为对学生进行感恩教育的好时机。可以在特定日子，如教师节、重阳节、母亲节、父亲节、中秋节、元旦、春节等

节日来临之际，举行大型的感恩活动：教唱感恩歌曲，组织感恩教育主题班会，出感恩教育专题黑板报和墙报，在广播电台和电视台点播感恩主题歌曲等。在母亲节那天，教师还可组织"让我们记住母亲的生日"主题活动，在事先不布置的情况下，"突然袭击"，让全班学生逐一说出母亲的生日。然后，请能记住母亲生日的学生谈对母亲的感情，再请记不住母亲生日的学生谈此时的心情。

让学生领悟"感恩"就是领悟"只有心怀感恩，才能滋润生命"的人生真谛；让学生学会"感恩"就是知晓"送人玫瑰，手留余香"蕴含的处世哲学；就是让他们体会到只要心中装着爱就会使这个世界充满爱，就是学会施予世界一点恩赐而感受到世界将施予他们更多的恩泽。

参考文献

[1] 李玥琼. 高校班主任管理育人工作的挑战与应对方法探索 [J]. 课程教育研究, 2018(7):2.

[2] 邹景瑜, 班主任创新工作方法, 提高教育实效性的实践研究 [J]. 当代人, 2018, 000(20):230.

[3] 姚明. 基于学生心理特点的班主任工作方法探索 [J]. 才智, 2018(36):1.

[4] 董磊. 职业院校班主任工作方法研究 [J]. 科技资讯, 2021, 19(21):3.

[5] 赵艳秀. 做班主任工作的有效方法研究 [J]. 2021.

[6] 刘锦程. 新时期高校班主任工作方法研究 [J]. 中国科教创新导刊, 2013(10):1.

[7] 杜鹃, 宋冰冰. "3+4" 班主任班级管理工作的探索与启示 [J]. 职教通讯, 2015(32):2.

[8] 马玉玲, 李艳坡, 郭振清, 在班主任工作中努力开发学生潜质的探索与实践 [J]. 教育与教学研究, 2006, 20(5):45-47.

[9] 田华. 开放大学教育模式下班主任工作方法的创新探究 [J]. 辽宁师专学报: 社会科学版, 2013(5):2.

[10] 李天佑. 班主任工作方法探讨 [J]. 考试周刊, 2013(15):2.

[11] 周勇, 丘宁. 高校班主任工作方法之引导的探索 [J]. 广西轻工业, 2010, 26(5):163-164.

[12] 王卫东. 新形势下班主任工作方法探究 [J]. 科技资讯, 2005(27):1.

[13] 柏凤岐. 新时期班主任工作实践与研究 [M]. 兰州: 甘肃教育出版社, 2009.

[14] 何万国. 现代班主任工作研究 [M]. 成都: 西南交通大学出版社, 2009.

[15] 李晓玲. 如何有效做好班主任工作 [J]. 2021(2017-13):29-29.

[16] 王淑燕, 张升. 特殊教育学校班主任管理工作研究 [J]. 教育研究, 2020, 3(5):71-72.

[17] 田恒平, 张和平. 班主任工作精要 [M]. 太原：山西科学技术出版社, 2011.

[18] 叶康宁. 浅谈如何做好新时期班主任工作 [J]. 中学课程辅导（教学研究）, 2019, 13(20):173-174.

[19] 王蓉. 浅析当前班级管理与班主任工作的探索与研究 [J]. 现代教育论坛, 2021, 4(3):33-35.

[20] 邓戊霞, 闵向军. 班主任工作中对中学生心理疏导的方法研究 [J]. 才智, 2020,(14):110.

[21] 朱永校, 戴秀香, 邸岐凤, 等. 激励教育方法在班主任工作中的探索与研究 [C]// 教师教学能力发展研究科研成果集（第十六卷）, 2018.

[22] 高月芳, 马晓茗, 王栋. 关于如何做好大学班主任工作的初步探索 [J]. 文教资料, 2008(33):3.

[23] 于莉, 班主任工作评价研究 [D]. 东北师范大学, 2002.

[24] 李凤, 黄庆斌, 董红华. 班主任工作体现新课程标准的探索 [J]. 教育情报参考, 2004(12):2.

[25] 宋春晖. 浅议适合研究生特点的管理方法：高校研究生班主任工作的实践和体会 [J]. 兰州大学学报（社会科学版), 2000(S2):5.